रंगमंच पर जब किसी नाटक का मंचन होता है तब यह उस मंचन की अनिवार्य शर्त होती है कि दर्शक कुछ घटनाओं की पूर्व पीठिका से परिचित हों। वे यह मान कर चलें कि जो मंचित किया जायेगा, कुछ घटनाएँ उसके पहले हो चुकी होंगी और कुछ घटनाएँ उसके बाद होंगी। असग़र वजाहत का यह नाटक *पाकिस्तान में गाँधी* ऐसे ही कुछ ऐतिहासिक तथ्यों के पूर्व ज्ञान की माँग करता है।

यह एक ऐतिहासिक तथ्य है कि गाँधी जी विभाजन के तत्काल बाद, बग़ैर वीज़ा–पासपोर्ट के पाकिस्तान जाना चाहते थे और इस बारे में उन्होंने जिन्ना से पत्र व्यवहार किया था। जिन्ना ने कुछ शर्तों के साथ इस पर सहमति भी जताई थी।

यह भी एक ऐतिहासिक सत्य है कि सीमा के उस पार पाकिस्तान में गाँधी जी का आदर करने वाले, उनसे प्यार करने वाले और उनकी बातों को गम्भीरता से सुनने वाले लोग बहुतायत में थे। इस योजना के फलीभूत होने से पहले दुर्भाग्यपूर्ण ढंग से गाँधी जी की हत्या हो गयी और यह यात्रा नहीं हो पायी।

यह नाटक उन परिस्थितियों की कल्पना करता है जब गाँधी जी पाकिस्तान पहुँच जाते हैं। इस दौरान क्या होता है, उदारवादी और कट्टरपन्थी गाँधी जी की इस यात्रा को कैसे ग्रहण करते हैं और इस पर कैसी राजनीतिक–सामाजिक और भावनात्मक हलचलें होती हैं यह तो इस नाटक का कथानक है और इस स्थान पर इसका रहस्योद्घाटन करना किसी भी कारण से वरेण्य नहीं है।

कोई ऐतिहासिक घटना होने को थी और नहीं हुई, अगर होती तो कैसी होती इसे असग़र वजाहत 'स्पेक्युलेटिव फिक्शन' कहते हैं। आगे वह यह भी प्रस्तावित करते हैं कि अगर इस तरह के फिक्शन और इतिहास को मिलाकर कोई रचना तैयार की जाये तो उसे इतिगल्प कहा जा सकता है।

तो इस इतिगल्प में अपने–अपने भावनात्मक राजनैतिक और पारिवारिक कारणों से कुछ लोग गाँधी की यात्रा के साथ ही जुड़ जाते हैं और कुछ लोग हैं जो वहाँ गाँधी से मिलते हैं। इस काल्पनिक घटनाक्रम के बीच दर्शक अथवा पाठक अगर लगातार इस बारे में सोचता रहे कि राजनैतिक सीमाएँ, असहमतियाँ और धर्म क्या ऐसी मज़बूत दीवारें हैं कि वे मनुष्य को मनुष्य से अलग कर देती हैं? और अगर ये अलगाववादी शक्तियाँ सफल हो जाती हैं तो ऐसा अलगाव सही है या नहीं उसे प्रश्नांकित किया जाना चाहिए या नहीं? और सबसे बढ़कर यह प्रश्न कि गाँधी जी ऐसी यात्रा से क्या हासिल करना चाहते थे? अगर इनमें से कुछ सवाल भी प्रेक्षक के मन में उठते हैं तो इसे नाटक की सफलता के रूप में देखा जा सकता है।

पाकिस्तान में गाँधी

असग़र वजाहत

वाणी प्रकाशन

पेपरबैक पहला संस्करण : 2023

वाणी प्रकाशन
4695, 21-ए, दरियागंज, नयी दिल्ली 110 002
फ़ोन : +91 11 23273167 फ़ैक्स : +91 11 23275710

शाखाएँ
अशोक राजपथ, पटना 800 004, बिहार
कॉफ़ी हाउस कैम्पस, महात्मा गांधी मार्ग, इलाहाबाद 211 001, उत्तर प्रदेश
महात्मा गांधी अन्तरराष्ट्रीय हिन्दी विश्वविद्यालय, वर्धा 442 001, महाराष्ट्र
36/ए, शेक्सपीयर सरणी, रानी बिरला गर्ल्स कॉलेज के पास, कोलकाता 700 017, प. बंगाल

www.vaniprakashan.com
marketing@vaniprakashan.in
sales@vaniprakashan.in

Pakistan Mein Gandhi
by Asghar Wajahat

ISBN : 978-93-5518-017-9
Play

मूल्य : ₹ 299

आर. टेक ऑफ़सेट प्रिंटर्स, दिल्ली-110 032 में मुद्रित

वाणी प्रकाशन का लोगो मक़बूल फ़िदा हुसेन की कूची से

भारतीय उपमहाद्वीप के विद्वान
स्वर्गीय वीरेन्द्र कुमार बरनवाल को
समर्पित

अनुक्रम

भूमिका	9
पात्र–परिचय	17
दृश्य : एक	19
दृश्य : दो	24
दृश्य : तीन	29
दृश्य : चार	33
दृश्य : पाँच	40
दृश्य : छह	47
दृश्य : सात	52
दृश्य : आठ	56
दृश्य : नौ	61
दृश्य : दस	66
दृश्य : ग्यारह	72
दृश्य : बारह	76
दृश्य : तेरह	81
दृश्य : चौदह	85

दृश्य : पन्द्रह	87
दृश्य : सोलह	90
दृश्य : सत्रह	95
दृश्य : अठारह	98
दृश्य : उन्नीस	102
दृश्य : बीस	105
दृश्य : इक्कीस	110
दृश्य : बाईस	114
दृश्य : तेईस	117
दृश्य : चौबीईस	120
दृश्य : पच्चीस	122
दृश्य : छब्बीस	127
दृश्य : सत्ताईस	131
दृश्य : अट्ठाईस	135
दृश्य : उनतीस	139
दृश्य : तीस	142

भूमिका

भारतीय उपमहाद्वीप की राजनीति में ही नहीं बल्कि सत्य और अहिंसा जैसे सार्वभौमिक मूल्यों में रुचि लेने वाले लोगों के लिए महात्मा गाँधी का नाम अत्यन्त महत्त्वपूर्ण है। वे विश्व इतिहास के एक ऐसे नायक हैं जिनसे कोई सहमत या असहमत तो हो सकता है लेकिन उनकी उपेक्षा नहीं कर सकता। आधुनिक युग के विलक्षण महापुरुष महात्मा गाँधी धर्म, नैतिकता, सत्य–अहिंसा और राजनीति को जिस प्रकार व्यवहार में लाये थे, उसे उनके बाद संभवतः कोई नहीं कर सका।

आज़ादी के बाद भारतीय राजनीति में महात्मा गाँधी की स्थिति बहुत विचित्र हो गयी थी। उन्हें अपार जन–समर्थन प्राप्त था, लेकिन कांग्रेस पार्टी ने उनके सबसे प्रिय शिष्य उनकी उपेक्षा करने लगे थे। राष्ट्रपिता को इतना विवश बना दिया गया था कि वे अपने शिष्यों के निर्णयों को स्वीकार करने के लिए अभिशप्त थे। महात्मा गाँधी जैसे व्यक्ति के लिए यह स्थिति बड़ी अजीब थी, लेकिन हर तरह के हालात में नया रास्ता निकालने वाले गाँधी यदि जीवित रहते तो क्या वे अन्य गाँधीवादी नेताओं की तरह अप्रासांगिक हो जाते? यह एक बहुत बड़ा सवाल है और इस सवाल का जवाब गाँधी जी के उन बयानों और योजनाओं से दिया जा सकता है जिनके बारे में वे प्रतिबद्ध थे। कांग्रेस को भंग करने का सुझाव देने वाले गाँधी भारतीय राजनीति को एक सर्वथा नया मोड़ देना चाहते थे। उन्होंने पाकिस्तान जाने की इच्छा भी न केवल व्यक्त की थी, बल्कि मोहम्मद अली जिन्ना

को इस सम्बन्ध में चिट्ठी भी लिखी थी। जिन्ना ने उन्हें दो शर्तों पर, पहली यह कि वे पाकिस्तान में द्वि–पक्षीय राष्ट्र सिद्धान्त के विरुद्ध कुछ नहीं बोलेंगे और दूसरी यह कि पाकिस्तान में उनकी सुरक्षा की ज़िम्मेदारी पाकिस्तानी सरकार लेगी। महात्मा गाँधी ने ये दोनों शर्तें स्वीकार कर ली थी लेकिन दुभाग्यवश वे पाकिस्तान नहीं जा सके।

कल्पना करें कि यदि कांग्रेस को भंग कर दिया होता तो आज़ादी के बाद भारतीय राजनीति और शासन का क्या स्वरूप होता? और जो भी स्वरूप होता उसमें गाँधी की कितनी महत्त्वपूर्ण भूमिका होती। क्या कांग्रेस के भीतरी अन्तर्विरोध सामने आ जाते और उनके बीच कोई समीकरण बनता? इन मुद्दों पर विचार करना एक प्रकार से वैकल्पिक इतिहास (Alternate history) का विषय है। इसी तरह यदि गाँधी पाकिस्तान चले गये होते तो क्या होता? गाँधी यदि पाकिस्तान जाते तो क्या अकेले जाते? क्या पासपोर्ट और वीजा लेकर जाते? इतिहास बताता है कि विभाजन के बाद पाकिस्तान में गाँधी काफ़ी लोकप्रिय थे। पाकिस्तान में उनकी लोकप्रियता का क्या प्रभाव पड़ता? पाकिस्तान की राजनीति में क्या बदलाव आते? पाकिस्तान में धर्म की राजनीति करने वाले कितना प्रभावित होते? मोहम्मद अली जिन्ना और मुस्लिम लीग के कट्टरपन्थी नेतृत्व के अन्तर्विरोध मुखर हो जाते या नहीं? भारत और पाकिस्तान के बीच किस प्रकार के राजनयिक सम्बन्ध बनते? क्या दोनों देशों की सीमा–रेखा कुछ धूमिल हो जाती? ये सब बहुत रोचक प्रश्न हैं। 'पाकिस्तान में गाँधी' इन प्रश्नों को समझने की कोशिश की गयी है और इस प्रक्रिया में बहुत कुछ स्पष्ट होता हुआ दिखाई देता है।

अक्सर यह प्रश्न पूछा जाता है कि क्या भारत अविभाजित रह सकता था? इस प्रश्न का उत्तर देने के लिए मुस्लिम लीग और कांग्रेस के जनाधारण और समर्थन देने में भी शक्तियों को समझना भी ज़रूरी है। मुस्लिम लीग मुस्लिम सामन्तों, ज़मींदारों और पढ़े–लिखे मुस्लिम उच्च और उच्च मध्य वर्ग की पार्टी थी। शहर में रहने वाले

मुसलमान इसके समर्थक थे। पार्टी को बड़े मुस्लिम सामन्तों की ओर से आर्थिक सहायता मिलती थी। दूसरी ओर कांग्रेस का जनाधार शहर और गाँव में रहने वाला साधारण मध्य तथा निम्न मध्य वर्ग और नौकरीपेशा तथा दूसरे पेशों में जुड़े हुए हिन्दू थे। उभरता हुआ पूँजीपति वर्ग कांग्रेस को आर्थिक सहायता देता था। इस प्रकार अपने स्वरूप के कारण दोनों दल एक दूसरे के विरोधी थे। उदाहरण के लिए कांग्रेस जहाँ ज़िम्मेदारी समाप्त करना चाहती थी। वहाँ मुस्लिम लीग का नेतृत्व ज़िम्मेदारी को बनाये रखने के पक्ष में था। पढ़ा–लिखा मुस्लिम वर्ग सरकारी नौकरियों में अपने लिए एक प्रकार का आरक्षण कहता था जो कांग्रेस को अमान्य था। इस प्रकार दोनों दलों के अन्तर्विरोध इतने बड़े थे कि उनका साथ काम करना लगभग असम्भव था।

मोहम्मद अली जिन्ना भारतीय उपमहाद्वीप की राजनीति के एक विवादास्पद नायक हैं। एक ओर जहाँ उन्हें भारत विभाजन का खलनायक माना जाता है, वहीं दूसरी ओर बहुत प्रसिद्ध राष्ट्रीय नेता जैसे गोपाल कृष्ण गोखले जिन्ना को हिन्दु–मुस्लिम एकता का दूत मानते थे। भारतीय जनता पार्टी के कुछ नेता भी जिन्ना को एक सेकुलर राजनीतिज्ञ घोषित कर चुके हैं जिसका उन्हें दण्ड भी मिल चुका है। पाकिस्तान की संविधान सभा में जिन्ना का अध्यक्षीय भाषण इस बात का प्रमाण है कि वे पाकिस्तान को एक सेकुलर देश बनाना चाहते थे। उन्होंने कहा था, ''आप आज़ाद हैं, आप पाकिस्तान देश में अपने मन्दिरों में जाने के लिए आज़ाद हैं, आप अपनी मस्जिदों में या फिर किसी अन्य धर्मस्थल में जाने के लिए आज़ाद हैं। आप किसी भी धर्म, जाति या नस्ल के हो सकते हैं, जिसका देश के कामकाज से कोई लेना–देना नहीं है।'' दूसरी ओर मुस्लिम लीग के अन्य नेता पाकिस्तान को इस्लामी देश बनाने के लिए कटिबद्ध थे और यही कारण है कि जिन्ना के मरते ही पाकिस्तान को मुस्लिम राज्य घोषित कर दिया गया था। जिन्ना के जीवन में कट्टरपन्थी मुस्लिम नेताओं

से उनका कोई मुखर टकराव नहीं हुआ था, लेकिन इसकी पूरी सम्भावना बनी हुई थी। पाकिस्तान बनने के बाद जिन्ना एक प्रकार उसी तरह अकेले हो गये थे, जैसे भारत में गाँधी हो गये थे। गाँधी की काल्पनिक यात्रा इस पक्ष पर भी ध्यान देती है।

किसी ऐतिहासिक घटना को विपरीत या दूसरी दिशा में कल्पना द्वारा उसे आगे बढ़ाने का काम मैंने लगभग दस साल पहले शुरू किया था। महात्मा गाँधी के बारे में विचार करते हुए अचानक यह ख़याल आया था कि अगर महात्मा गाँधी की हत्या न हुई होती या वे बच गये होते तो क्या करते? साहित्य में प्रायः कल्पना यथार्थ से संचालित होती है। महात्मा गाँधी के जीवन का यथार्थ, उनकी विचारधारा और उनके सरोकार हमें यह संकेत दे सकते हैं कि यदि गाँधी बच गये होते तो उन्होंने क्या किया होता। कल्पना भी यथार्थ से प्रेरित, संचालित और प्रतिबद्ध होती है। उदाहरण के लिए यदि गाँधी बच जाते तो निश्चित रूप से सत्य–अहिंसा, ग्राम स्वराज के सिद्धान्तों के अनुसार काम करते, क्योंकि यही उनका एक बड़ा उद्देश्य था। ऐसा न होता कि वे मान लीजिए बिरला उद्योग समूह के मैनेजिंग डायरेक्टर बन जाते।

महात्मा गाँधी के बच जाने की कल्पना को विस्तार देते हुए, मैंने 'गोडसे / गाँधी.कॉम' नाटक लिखा था। यह नाटक रवीन्द्र कालिया ने 'ज्ञानोदय' में छापा था और उसके बाद यह ज्ञानपीठ से पुस्तक के रूप में भी छपा था। यह नाटक सबसे पहले टॉम अल्टर के निर्देशन में मंचित हुआ था। नाटक में गाँधी की भूमिका टॉम अल्टर ने निभाई थी और नेहरू की भूमिका बेंजामिन गिलानी ने की थी। इस नाटक को दिल्ली में अरविन्द गौड़ ने भी मंचित किया था। गुजराती में निमेश देसाई, कन्नड़ में के. कंटेश ने यह नाटक खेला था। इसके अतिरिक्त यह मराठी में भी किया गया था।

महात्मा गाँधी के बच जाने की कल्पना को मैंने बहुत सहज रूप में लिया था। मेरा यह सोचना था और है कि इस तरह की

सम्भावनाओं पर बहुत पहले से लेखकों और कवियों ने विचार किया और लिखा है। उदाहरण के लिए मिर्ज़ा ग़ालिब का एक शे'र है–''हुई मुद्दत कि ग़ालिब मर गया पर याद आता है, वह हर एक बात पर कहना कि यूँ होता तो क्या होता।'' इसके अलावा भारतीय भाषाओं के अनेक लेखकों ने इस तरह की कल्पना के आधार पर रचनाएँ दी हैं।

नाटक लिखने के काफ़ी समय बाद मुझे यह जानकारी मिली कि ऐतिहासिक घटनाओं, महत्त्वपूर्ण लोगों के बयानों तथा सामाजिक और आर्थिक मुद्दों पर जो हो चुका है उससे अलग या विपरीत या अन्य दिशाओं में सोचने और परिणाम सामने लाने की एक परिपाटी है जिसे प्रतितथ्यात्मक इतिहास या आभासी इतिहास कहा जाता है। यह इतिहास लेखन का एक रूप है जो 'क्या होगा यदि' प्रश्नों का उत्तर देने का प्रयास करता है।

यह पद्धति इतिहास और ऐतिहासिक घटनाओं को विस्तार देने के लिए एक नयी समय रेखा निर्धारित करने का प्रयास करती है, जिसमें कुछ प्रमुख ऐतिहासिक घटनाएँ नहीं हुईं या हुईं जो वास्तव में हुई घटना से अलग थीं। प्रतितथ्यात्मक इतिहास न तो ऐतिहासिक संशोधनवाद है और न ही वैकल्पिक इतिहास।

कुछ विद्वानों का तर्क है कि प्रतितथ्यात्मक इतिहास अतीत में जो कुछ हुआ था, उसके बारे में उतना नहीं है, बल्कि यह टिप्पणी करता है कि कौन–सी पिछली घटनाएँ सबसे महत्त्वपूर्ण थीं। अधिकांश इतिहासकार प्रतितथ्यात्मक इतिहास को मनोरंजन मानते हैं। इसकी काल्पनिक प्रकृति के कारण मुख्यधारा के इतिहासकार कहते हैं कि यह शोध के मानकों को पूरा नहीं करता।

प्रतितथ्यात्मक इतिहास, वैकल्पिक इतिहास, अनुमानित इतिहास या काल्पनिक इतिहास ने एक साहित्यिक शैली का निर्माण किया है जिसे...Spectculative fiction कहा जाता है। आलोचकों के अनुसार Spectculative fiction एक साहित्यिक शैली है जिसमें अलौकिक, काल्पनिक या भविष्यवादी तत्वों को किसी भी कथा में शामिल किया जाता है।

Spectculative fiction किसी भी प्रकार की शानदार कल्पना की दुनिया बनाता है जो इस दुनिया के समान हो सकती है या नहीं। प्रायः इस तरह की शैली में कल्पना जादू, अन्तरिक्ष या समय यात्रा, वैकल्पिक वास्तविकताओं सहित वास्तविकता के वैकल्पिक विचारों को अभिव्यक्त किया जाता है।

Spectculative fiction का क्षेत्र व्यापक है, लेकिन अगर उसको सीमित किया जाये और केवल इतिहास से सम्बन्धित व्यक्तियों, विषय, घटनाओं आदि का प्रतितथ्यात्मक स्वरूप साहित्यिक कृति द्वारा प्रस्तुत किया जाये तब उसे कोई नाम देने की आवश्यकता पड़ेगी। इतिहास और कल्पना द्वारा इतिहास के विस्तार के लिए इतिहास और गल्प जैसे शब्दों को मिलाकर 'इतिगल्प' शब्द बनाया जा सकता है।

पाकिस्तान में गाँधी केवल राजनीति की इतिगल्प नहीं है। इसमें मानव सम्बन्धों के विविध आयाम भी परिलक्षित होते हैं। गाँधी के साथ जो लोग पाकिस्तान जाते हैं, उनकी बहुत संवेदनशील और मानवीय मजबूरियाँ हैं। विभाजन से पहले सन्तोष और सावित्री की मँगनी हो गयी थी। दंगों के दौरान सावित्री लाहौर में रह गयी थी या उसका अपहरण कर लिया गया था। सन्तोष गाँधी जी के साथ लाहौर जाकर अपनी मँगेतर का पता लगाना चाहता है। करतार सिंह अपने लड़की को खोजने जाता है। पूरन लाहौर की सड़कों से केले के छिलके बीना करता था उसे लगता है कि वह किसी को बताये बिना लाहौर से अमृतसर चला गया था और उसका यह दायित्व है कि वह लाहौर जाकर लोगों को यह बताये कि अब वह लाहौर की सड़कों से केले के छिलके नहीं बीन सकेगा। इसलिए अगर कोई केले के छिलके के कारण फिसलकर गिर जाये तो उसे आरोप न दिया जाये। गुरुचरण लाहौर इसलिए गया है कि वह उस मुहाजिर परिवार को यह बताये कि उसके घर के एक कमरे की छत बहुत कमज़ोर है जो किसी भी समय गिर सकती है। इसी प्रकार एक–दो अन्य लोग हैं जो मानवीय मजबूरियों के तहत गाँधी के साथ लाहौर जाते हैं।

लाहौर में गाँधी का समर्थन करने वालों में एक ऐसा किरदार है जो उसके बारे में आमतौर से लोग नहीं जानते हैं। इनायत उल्ला मशरिक़ी (1888–1963) एक विलक्षण विद्वान और ख़ाकसार आन्दोलन के नेता थे। वे भारत विभाजन के सख़्त ख़िलाफ़ थे और हिन्दू–मुस्लिम एकता के पक्षधर थे। साम्राज्यवाद और सामाजिक असमानता का विरोध करते थे। महात्मा गाँधी से उनकी कई असहमतियाँ थीं लेकिन कई मुद्दों पर वे समर्थक थे। उनके अतिरिक्त पाकिस्तान के उदार मुस्लिम मौलवी, वामपन्थी और ट्रेड यूनियन नेता तथा यूनियननिस्ट पार्टी के कार्यकर्ता गाँधी जी को समर्थन करते हैं। गाँधी का विरोध करने वालों की संख्या भी पाकिस्तान में कम नहीं है और इसी कारण नाटक में लगातार द्वन्द्व की स्थिति बनी रहती है।

नाटक के कुछ पात्र पंजाबी पृष्ठभूमि के हैं। उनके संवादों को पंजाबी पुट देना मेरे लिए कठिन था। विशेष रूप से शहर और गाँव में रहने वाले पात्रों की पंजाबी में अन्तर करना भी मुश्किल था, लेकिन पात्रों को प्रामाणिक बनाने के लिए यह आवश्यक था कि उनके संवादों में उनकी भाषा का पुट हो। इस कार्य में डॉ बलवन्त कौर जी ने बहुत सहयोग दिया है। उन्होंने कम समय में बहुत लगन और परिश्रम से पात्रों के संवादों को पंजाबी पुट देकर प्रभावशाली बनाया है। मैं उनका अत्यन्त आभारी हूँ।

इस नाटक के टंकण का कार्य श्री ठाकुर सिंह परिहार ने किया है। जिसके लिए उनका आभार व्यक्त करना आवश्यक है।

आशा है, रंगकर्मी इस नाटक का अपना पाठ करेंगे।

असग़र वजाहत

दिल्ली
नवम्बर 2021

पात्र-परिचय

1. महात्मा गाँधी
2. मोहम्मद अली जिन्ना
3. प्यारेलाल
4. फ़ातिमा जिन्ना
5. जवाहरलाल नेहरू
6. सरदार पटेल
7. मौलाना आज़ाद
8. एम ओ मथाई : जवाहरलाल नेहरू के सचिव
9. ख़ुर्शीद : जिन्ना के सचिव
10. श्रीप्रकाश : पाकिस्तान में भारत के उच्चायुक्त
11. मौलाना अब्दुल हक़ : पाकिस्तान के उदारवादी मौलवी
12. मौलाना दाऊद : कट्टरवादी मौलवी
13. मौलाना साबरी : कट्टरवादी मौलवी
14. जमील अहमद : कट्टरवादी मुस्लिम लीगी
15. ताहिर अली : कट्टरवादी मुस्लिम लीगी
16. मियाँ बशीर : मुस्लिम लीग के अख़बार का एडिटर
17. शौकृत अली : मुस्लिम लीग का स्थानीय नेता

18. **अतीक़** : एक उदारवादी आदमी

19. **रज़ा ग़ज़नफर अली** : एक साधारण आदमी

20. **सलीम** : एक प्रगतिशील आदमी

21. **इकरामुद्दीन** : एक धार्मिक व्यक्ति

22. **सज्जाद ज़हीर** : प्रसिद्ध कम्युनिस्ट नेता

23. **मिर्ज़ा मोहम्मद इब्राहिम** : लाहौर के ट्रेड यूनियन नेता

24. **प्रोफ़ेसर एरिक स्प्रिंन** : लाहौर के मार्क्सवादी बुद्धिजीवी

25. **सोमू ज्ञानचन्दानी** : लाहौर के मार्क्सवादी बुद्धिजीवी

26. **फ़ैज़ अहमद फ़ैज़** : उर्दू के प्रसिद्ध प्रगतिशील शायर

27. **लियाक़त अली ख़ान** : पाकिस्तान के प्रधानमन्त्री

28. **सन्तोष कुमार** : पंजाबी युवक

29. **सावित्री तस्लीमुन** : पंजाबी युवक की प्रेमिका

30. **सरदार अब्दुल रब** : पाकिस्तान सरकार के मन्त्री

31. **डॉक्टर इलाही बख़्श** : जिन्ना के डॉक्टर

32. **करतार** : बूढ़ा पंजाबी किसान

33. **मनहा सिंह** : बूढ़ा पंजाबी

34. **हलीम** : मुस्लिम युवा

35. **राधिका** : हिन्दू लड़की

36. **पूरन सिंह** : बूढ़ा पंजाबी किसान

37. **अमजद सन्तोष** : सन्तोष कुमार का मित्र

38. **इरशाद** : सावित्री का अपहरणकर्ता

39. **गामा पहलवान** : विश्व प्रसिद्ध पहलवान

40. **मज़हर (ADC)** : जिन्ना का ए. डी. सी.

दृश्य : एक

समय : दिन

पात्र

जवाहरलाल नेहरू

एम. ओ. मथाई

सरदार पटेल

आज़ाद

(जवाहरलाल नेहरू अपने ऑफ़िस में दाख़िल होते हैं। उनके पीछे कुछ फ़ाइलें लिए हुए, उनके सचिव मथाई चल रहे हैं। नेहरू थके हुए से कुर्सी पर बैठ जाते हैं। जवाहरलाल नेहरू से पार्लियामेंट में सवाल पूछा गया है कि जिन्ना हाउस को कस्टोडियन में क्यों नहीं लिया गया? नेहरू मथाई से कहते हैं कि पाकिस्तान में भारत के हाई कमिश्नर श्रीप्रकाश से कहो कि वह जिन्ना साहब से पूछकर बतायें कि वे क्या चाहते हैं। मथाई नेहरू को सूचना भी देते हैं कि गाँधी जी ने पाकिस्तान जाने का फ़ैसला कर लिया है।)

नेहरू : कुछ समझ में नहीं आता ये जिन्ना हाउस के मसले को कैसे हल किया जाये...आज फिर पार्लियामेंट में उल्टे–सीधे सवाल पूछे गये और मेरे ख़याल से शायद सवाल पूछना जायज़ भी है कि जिन्ना हाउस अब तक कस्टोडियन को क्यों नहीं लिया गया...अगर ले लिया गया होता तो उसमें कोई शरणार्थी फ़ैमिली रह सकती थी ...या कोई और इस्तेमाल हो सकता था...अब इस सवाल का क्या जवाब हो सकता है...तुम जानते हो, टेढ़े फ़ैसले करने से पहले कुछ सोचने की ज़रूरत पड़ती है...पापा के गहरे दोस्तों में रहे हैं जिन्ना साहब...आनन्द भवन में हमारे मेहमान रह चुके हैं...एक तरह से मेरे बुज़ुर्गों में शामिल हैं...मैं उनको क़रीब चालीस साल से जानता हूँ...और फिर एक लम्बे अर्से तक कांग्रेस के साथ थे। हिन्दू–मुस्लिम यूनिटी के सिम्बल माने जाते थे मिस्टर जिन्ना...इस लम्बी हिस्ट्री को अचानक सियासत की भेंट चढ़ा देना कुछ समझ में नहीं आता...फ़र्ज़ करो आनन्द भवन अगर कराची में होता और वो कस्टोडियन को दे दिया जाता तो मेरे दिल पर क्या गुज़रती... मकान सिर्फ़ ईंट, पत्थर और लकड़ी से बना ढाँचा नहीं होता...उसमें ज़िन्दगी धड़कती है...वो यादों का ख़ज़ाना होता है...तुम क्या सोचते हो? *(सरदार पटेल और मौलाना आज़ाद आते हैं।)*

सरदार पटेल : जवाहर, हम लोग पार्लियामेंट में कब तक इस सवाल का उल्टा–सीधा जवाब देते रहेंगे?

नेहरू : हाँ, अब यह फ़ैसला करना ही पड़ेगा।

सरदार पटेल : इसमें फ़ैसला क्या करना है...जिस तरह पाकिस्तान चले गये, दूसरे लोगों की जायदाद को कस्टोडियन ने ले लिया है...उसी तरह जिन्ना हाउस को भी ले लेना चाहिए।

आज़ाद : इस क़िस्से को जल्दी ख़त्म कर देना ज़रूरी है वरना बिला वजह लोग शक करते रहेंगे...

नेहरू : आप लोग ठीक कह रहे हैं लेकिन मेरे ख़याल से मिस्टर जिन्ना से पूछ लिए जाने में कोई हर्ज नहीं है।

सरदार पटेल : तुम जिन्ना को क्या समझते हो जवाहर...

नेहरू : मैं जिन्ना को वही समझता हूँ जो समझता था...मैंने तो साफ़ कहा था कि जिन्ना को मैं ऐसा आदमी मानता हूँ जो अपने माँ और बाप का क़त्ल करने के बाद अदालत से दरख़्वास्त करता है कि उसे माफ़ कर दिया जाये, क्योंकि वो यतीम है...

(सब हँसते हैं।)

आज़ाद : तब क्या मुश्किल है जवाहर...जज की कुर्सी पर तुम बैठे हो...फैसला कर लो।

सरदार पटेल : हाँ, फ़ैसला कर लो और जल्दी कर लो तो ठीक है...मैं चलता हूँ...

(मथाई से) कैबिनेट की मीटिंग कितने बजे है?

एम ओ मथाई : सर, 7:30 बजे।

पटेल : *(नेहरू से)* ठीक है तो मीटिंग में मिलते हैं...

(सरदार पटेल चले जाते हैं मौलाना आज़ाद बैठे रहते हैं।)

नेहरू : *(मौलाना आज़ाद से)* आप तो जानते हैं मौलाना... जिन्ना साहब से मेरी कभी नहीं पटी... ख़ासतौर

से उनके दूसरे दौर में तो मुझे लगता था कि जिन्ना साहब पत्थर की बड़ी चट्टान हैं जिसके न कान हैं और न आँखें...

आज़ाद : जिन्ना की पूरी शख़्सियत एक कामयाब वकील की शख़्सियत है जो हर वक़्त जिरह करता रहता है।

नेहरू : लेकिन इसका यह मतलब नहीं है मौलाना कि हम किसी बुज़ुर्ग के साथ तहज़ीब और तमीज़ से पेश न आयें...common courtesy को भूल जायें...(*मथाई से)* तुम ऐसा करो कि कराची में अपने हाई कमिशनर श्रीप्रकाश को फ़ोन करो और उससे कहो कि वो जिन्ना साहब से पूछे कि उनके इस बँगले का करना क्या है...अगर उनका इरादा उसको छोड़ने का है तो कस्टोडियन में दिया जा सकता है...अगर कुछ और चाहते हैं तो बतायें...

श्रीप्रकाश जिन्ना को अच्छी तरह समझते हैं...

एम. ओ. मथाई : बिल्कुल ठीक कह रहे हैं सर...जिन्ना साहब के जूनियर रहे हैं श्रीप्रकाश...

नेहरू : हाँ और उन्हीं के कहने पर श्रीप्रकाश को पाकिस्तान भेजा गया है...और आज की मीटिंग?

मथाई : जी हाँ, कैबिनेट की मीटिंग में जनरल रॉब लॉकहार्ट कश्मीर की सिचुएशन पर ब्रीफ़ करेंगे...

नेहरू : मौलाना, हमारे फ़ौजी आगे बढ़ रहे हैं...यह तो मुझे मालूम है लेकिन ताज़ा सूरते–हाल का पता चलेगा...

आज़ाद : कश्मीर पर हमला करके पाकिस्तान ने कश्मीर खो दिया है...

नेहरू : बेशक कश्मीर हमारे साथ है।

एम. ओ. मथाई : कैबिनेट की मीटिंग के बाद शेख साहब भी आपसे मिलना चाहते हैं...

नेहरू : ठीक है, उन्हें तीन मूर्ति बुला लो और कोई ख़ास बात?

एम. ओ. मथाई : एक बहुत डिस्टर्बिंग न्यूज है सर।

नेहरू : क्या?

एम. ओ. मथाई : गाँधी जी ने पाकिस्तान जाने की तारीख़ तय कर ली है।

नेहरू : कैसे पता चला?

एम. ओ. मथाई : जी, मेरी प्यारेलाल से बात हुई है।

नेहरू : *(सिर पकड़ लेते हैं)* Another big problem...

आज़ाद : महात्मा जी बहुत बड़ा ख़तरा उठाने जा रहे हैं।

दृश्य : दो

समय : दिन

पात्र

गाँधी

जवाहरलाल नेहरू

सरदार पटेल

मौलाना आज़ाद

(नेहरू, पटेल और मौलाना आज़ाद गाँधी जी को पाकिस्तान जाने से रोकने की दरख़्वास्त करने आते हैं पर गाँधी जी नहीं मानते। उनका तर्क है कि यदि वे दिल्ली में मुसलमानों को बचाने के लिए आमरण अनशन कर सकते हैं तो पाकिस्तान में हिन्दुओं की सुरक्षा के लिए प्रयास करना उनका नैतिक कर्तव्य है। वे किसी सरकारी व्यवस्था और सुरक्षा के तहत पाकिस्तान नहीं जाना चाहते हैं क्योंकि उन्हें पाकिस्तान के लोगों पर विश्वास है। गाँधी चरखा चला रहे हैं। पास बैठे प्यारेलाल कुछ काग़ज़ पढ़ रहे हैं। नेहरू, पटेल और मौलाना आज़ाद आते हैं।)

नेहरू : बापू, क्या आपने पाकिस्तान जाने का प्रोग्राम फ़ाइनल कर दिया?

गाँधी : हाँ मुझे लगता है कि अब और देर नहीं करनी चाहिए। पाकिस्तान से जवाब आया है कि जिन्ना ने दो शर्तों के साथ मुझे पाकिस्तान आने की इजाज़त दी है। वो चाहते हैं कि मैं पाकिस्तान में 'टू नेशन थिओरी' के ख़िलाफ़ कुछ न बोलूँ...मैंने मान लिया है...टू नेशन थिओरी को ग़लत साबित करने से कहीं ज़्यादा ज़रूरी है लोगों की जान बचाना...और वो पाकिस्तान में मेरी हिफ़ाज़त करने की ज़िम्मेदारी भी लेना चाहते हैं...उसमें भी मुझे कुछ कहना नहीं है...

पटेल : बापू, आपको मालूम है वहाँ क्या हो रहा है... पूरा पंजाब जल रहा है...बहुत बड़े पैमाने पर हिन्दुओं और सिखों का क़त्लेआम किया जा रहा है...सरकार हाथ पर हाथ रखे बैठी है।

नेहरू : इन हालात में आपका जाना हरगिज़ मुनासिब नहीं है।

आज़ाद : महात्मा जी, वहाँ कुछ भी हो सकता है...अभी तो आने–जाने के लिए न ट्रेन है और न कोई दूसरा ज़रिया है।

नेहरू : और फिर हमें आपकी ज़रूरत यहाँ है...

पटेल : अभी भी शरणार्थियों के काफ़िले इधर से उधर आ जा रहे हैं...बीमारियाँ फैली हुई हैं, कुछ इलाक़ों में तो लाशों के ढेर लगे है...सड़ रही हैं...

आज़ाद : हम लोग आपसे दरख़्वास्त करते हैं कि अपने इरादे पर फिर से ग़ौर फ़रमाइए।

नेहरू : लोग खूँखार वहशी दरिन्दों की तरह लड़ रहे हैं...वो आपकी बात क्या सुनेंगे?

गाँधी : वही तो मेरा इम्तिहान होगा...मेरी परीक्षा होगी।

पटेल : आप जाना ही चाहते हैं तो हम आपके साथ फ़ोर्स भेजेंगे...आपके साथ पुलिस और आर्मी जायेगी...जाने का इन्तज़ाम सरकार करेगी।

गाँधी : मैं पुलिस और सेना की हिफ़ाज़त में लाहौर नहीं जाना चाहता...मैं वहाँ एक विश्वास के साथ जाना चाहता हूँ और वहाँ के मुसलमानों पर भरोसा करता हूँ...अगर वे चाहेंगे तो मुझे मार डालेंगे...अगर उनकी सरकार रोकना चाहे तो रोके...लेकिन सरकार कैसे रोक सकती है... अगर वे मुझे रोकना चाहेंगे तो उन्हें मेरी हत्या करना पड़ेगी...अगर वे हत्या कर देते हैं तो यह तुम लोगों के लिए एक सबक़ होगा...मुझे किसी तरह के संरक्षण की कोई ज़रूरत नहीं है...लोगों पर विश्वास से बड़ा कोई संरक्षण नहीं हो सकता...

नेहरू : *(बहुत भावुक होकर)* बापू पूरा देश आपसे विनती करता है कि आप अपना इरादा बदल दें।

गाँधी : यह हो नहीं सकता कि मैं अपना इरादा बदल दूं और उसकी वजह भी है। बहुत साफ़ वजह है। दिल्ली में अगर मैं हिन्दुओं से अपील कर सकता हूँ कि वे मुसलमानों पर दया करें, उनके घर वापस कर दें, उनकी मस्जिदें ख़ाली कर दें, उनके ऊपर हमले न करें, उन्हें बराबर का शहरी

मानें, उनका बायकाट न करें ,उन्हें पूरी इज़्ज़त दी जाये...तो मुझे लाहौर जाकर मुसलमानों से भी यही अपील करनी चाहिए...यह मेरा नैतिक कर्तव्य है...इससे मैं पीछे नहीं हट सकता...

नेहरू : बापू, पाकिस्तान में शान्ति स्थापित करना पाकिस्तान की सरकार का काम है, यह उन्हें करना चाहिए...

गाँधी : क्यों?

पटेल : इसलिए कि वह एक अलग देश है...

गाँधी : वल्लभ, तुम पाकिस्तान को एक अलग देश मानते हो...एक दूसरा देश मानते हो...यह तुम्हारे अपने विचार हैं...मैं पाकिस्तान को दूसरा देश नहीं मानता...अपने देश का एक हिस्सा मानता हूँ...वहाँ भी अपने ही लोग हैं...और मैं तो यह भी चाहता हूँ कि बाक़ी बचा जीवन पाकिस्तान में ही गुज़ारूँ...

पटेल : *(आश्चर्य से)* ये क्या कह रहे हैं बापू?

गाँधी : हाँ, उन्होंने मुझे छोड़ दिया है लेकिन मैंने उन्हें नहीं छोड़ा...

नेहरू : मैंने सुना है कि आपके साथ कुछ लोग भी पाकिस्तान जा रहे हैं।

गाँधी : हाँ, तुमने ठीक़ सुना है मैं अकेला नहीं जा रहा हूँ।

नेहरू : इस वजह से वहाँ टेंशन बहुत बढ़ जायेगा और....

पटेल : (नेहरू की बात काटकर) हो सकता है कि हिन्दुओं के ख़िलाफ़ जो दंगे हो रहे हैं वे और बढ़ जायें।

गाँधी : नहीं...तुम्हारा सोचना ग़लत है। मुझे विश्वास है लोग मेरी बात सुनेंगे...ईश्वर, अल्लाह, भगवान सबके हृदय में है बस उसे जगाने की ज़रूरत है।

नेहरू : बापू, मैं समझ रहा हूँ...लेकिन इन हालात में वहाँ कौन प्यार–मोहब्बत और इन्साफ़ की बात सुनेगा?

गाँधी : अगर मेरी बात नोआखाली में सुनी गयी... दिल्ली में सुनी गयी...तो लाहौर में क्यों नहीं सुनी जायेगी...?

दृश्य : तीन

समय : दिन

पात्र

एम. ए. जिन्ना

फ़ातिमा जिन्ना

श्रीप्रकाश

(पाकिस्तान के गवर्नर हाउस में जिन्ना, फ़ातिमा जिन्ना चाय पी रहे हैं। बैरा चाय बनाकर दे रहा है। जिन्ना बहुत अच्छे मूड में है। इसी दौरान पाकिस्तान में भारत के हाई कमिश्नर श्रीप्रकाश आते हैं। जिन्ना और फ़ातिमा जिन्ना को 'विश' करते हैं। श्रीप्रकाश जिन्ना को नेहरू का सन्देश देते हैं कि जिन्ना हाउस का क्या किया जाये। अपोजिशन के लीडर बार–बार पार्लियामेंट में यह सवाल उठाते हैं कि जिन्ना हाउस कस्टोडियन में क्यों नहीं लिया गया। जिन्ना कहते हैं कि जिन्ना हाउस को कस्टोडियन में नहीं लेना चाहिए क्योंकि वे कुछ ज़रूरी काम निपटाकर बम्बई जाकर रहना चाहते हैं। वह शहर उन्हें बहुत पसन्द है।)

जिन्ना : आओ, प्रकाश आओ...

(श्रीप्रकाश आकर खड़े हो जाते हैं। बैठते नहीं।)

जिन्ना : सिट डाउन श्री प्रकाश।

श्रीप्रकाश : सर आपके...*(बैठने से हिचकिचाता है।)*

जिन्ना : *(हँसकर)* श्रीप्रकाश अब तुम मेरे जूनियर नहीं... बल्कि हिन्दुस्तान जैसे बड़े मुल्क के हाई कमिश्नर हो...बैठो...

श्रीप्रकाश : यह सब आपकी मेहरबानी से हुआ है...योर काइंडनेस सर...

जिन्ना : बैठो...बैठो...

(श्रीप्रकाश कुर्सी लेकर बैठ जाते हैं।)

फ़ातिमा जिन्ना : श्रीप्रकाश, अपना नया काम कैसा लग रहा है? कराची में तुम्हारा दिल लग गया?

श्रीप्रकाश : काम बहुत है मैडम...सारा वक़्त काम में ही निकल जाता है...अब तक कराची देख भी नहीं पाया...

जिन्ना : मैं सरकारी तौर पर तो नहीं कह सकता लेकिन...एक छोटा–सा मैसेज हिन्दुस्तान भिजवाना चाहता हूँ...बहुत छोटा–सा मैसेज सिर्फ़ दो लफ़्ज़ है...ओनली टू वर्ड्स...

श्रीप्रकाश : मैसेज किसे दिये जाना है सर...

जिन्ना : तुम्हारे फ़ादर ऑफ़ द नेशन को...मिस्टर गाँधी को...जिन्हें मैं हिन्दुओं का लीडर कहता हूँ।

श्रीप्रकाश : क्या मैसेज है सर?

जिन्ना : 'थैंक यू'...प्रकाश बहुत कम ऐसे लीडर होते हैं जो अपने मुल्क की सरकार और अवाम के जज़्बात के ख़िलाफ़ स्टैंड लेते हैं...मैं जानता हूँ पूरा हिन्दुस्तान और हिन्दुस्तान की पूरी सरकार

यह चाहती थी कि पाकिस्तान को 55 करोड़ रुपये न दिया जाये...इन हालात में गाँधी ने जो कुछ किया मैं उसकी क़द्र करता हूँ...

श्रीप्रकाश : सर, आपका मैसेज पहुँचा दिया जायेगा।

जिन्ना : शुक्रिया श्रीप्रकाश...

श्रीप्रकाश : मुझे एक और ज़िम्मेदारी निभानी है...

जिन्ना : हाँ...हाँ...कहो क्या बात है ?

श्रीप्रकाश : प्राइम मिनिस्टर ऑफ़िस से यह पूछा गया है कि मुम्बई में आपके बँगले जिन्ना हाउस के बारे में आपने क्या फ़ैसला किया है? पार्लियामेंट में बार–बार यह सवाल पूछा जाता है कि जिन्ना हाउस को कस्टोडियन में क्यों नहीं लिया जाता? सरकार के लिए इस सवाल का जवाब दे पाना मुश्किल हो जाता है। पण्डित जी ने कहा है कि मैं आपसे पूछकर उन्हें बताऊँ कि क्या जिन्ना हाउस कस्टोडियन में ले लिया जाये?

जिन्ना : श्रीप्रकाश, जवाहरलाल से कहो वह मेरा दिल न तोड़ें...शायद तुम नहीं जानते हो कि बम्बई को मैं कितना प्यार करता हूँ...

श्रीप्रकाश : सच जिन्ना साहब...तो क्या मैं ऐसा ही नेहरू जी को बता दूं?

जिन्ना : यह तुम बेशक जवाहरलाल से कह सकते हो...बम्बई मुझे बहुत पसन्द है...मैं उस शहर से मोहब्बत करता हूँ...उस शहर ने मुझे वह सब कुछ दिया है जो मैं चाहता था...उस शहर के बड़े एहसान हैं मेरे ऊपर...मुझे याद है पहली बार बचपन में जब मैं कराची से बम्बई गया था...और उसके बाद चर्नी रोड के अपोलो रेलवे होटल का

कमरा मुझे याद है जहाँ से एक सफ़र शुरू हुआ था...ओरिएंटल क्लब में क्लब मार्कर के साथ बिलियर्ड...और जिन्ना हाउस को तो मैंने समझ लो अपने हाथों से बनाया है...उसकी एक–एक ईंट और लकड़ी के एक–एक टुकड़े को मैंने ख़ुद पसन्द किया था...वहाँ सब–कांटिनेंट की हिस्ट्री लिखी गयी है...

(जिन्ना उठकर खड़े हो जाते हैं और टहलते हुए बोलते हैं। फ़ातिमा जिन्ना से कहते हैं।)

फ़ाती, तुम्हें वो दिन तो याद होंगे जब मैं रात–रातभर टेरिस पर टहलता रहता था या शकील को डिक्टेशन देता रहता था...टाइपराइटर की खड़खड़ाहट अँधेरे और सन्नाटे में कानों को बहुत नागवार लगती थी...काले समन्दर में दूर टिमटिमाती हुई रौशनियाँ...देखकर अपने काम को पूरा करने की ज़िम्मेदारी बढ़ जाती थी *(श्रीप्रकाश से)* जवाहर से कहो जिन्ना हाउस कस्टोडियन में बिल्कुल न लें...मैं यहाँ कुछ ज़रूरी काम पूरे करने के बाद बम्बई में आकर रहना चाहता हूँ...

श्रीप्रकाश : *(हैरानी से)* जी?

जिन्ना : प्रकाश, इसमें इतना हैरान होने की क्या बात है। पाकिस्तान और हिन्दुस्तान दो दुश्मन मुल्क नहीं हैं और मुझे यक़ीन है तुम लोग भी ऐसे ही मानते होंगे और फिर (हँसकर) क्या तुम लोग मुझे बम्बई में रहने की इजाज़त न दोगे?

श्रीप्रकाश : नहीं सर, ऐसा कैसे हो सकता है?

दृश्य : चार

समय : दिन

पात्र

गाँधी

प्यारेलाल

सन्तोष : मूल रूप से लाहौर निवासी युवा

करतार : पंजाब के ग्रामीण अँचल का किसान

महना : पंजाब के ग्रामीण अँचल का किसान

पूरन : मूल रूप से लाहौर निवासी अधेड़ उम्र व्यक्ति

(गाँधी पाकिस्तान जाने के लिए परमिशन और परमिट लेने से इनकार कर देते हैं। उनसे साथ दूसरे लोगों के अलावा पाकिस्तान जाने के लिए सन्तोष, करतार, महना, पूरन आते हैं। सन्तोष अपनी प्रेमिका को खोजने पाकिस्तान जाना चाहता है। करतार अपने गाँव वालों से कुछ कहना भूल गया है। वह गाँधी जी के साथ अपने गाँव जाना चाहता है। महना की लड़की को किडनैप कर लिया गया था। वह अपनी लड़की को वापस लाने के लिए

पाकिस्तान जाना चाहता है। पूरन लाहौर की सड़कों पर केले के छिलके बटोरा करता था। वह दंगे शुरू होने पर बिना किसी को बताये लाहौर से अमृतसर आ गया था। पूरन लाहौर के लोगों को बताना चाहता है कि अब वह लाहौर की सड़कों से केले के छिलके नहीं बटोरता। अब कोई सड़क पर केले के छिलके के कारण फिसलकर गिरे तो यह उसकी ज़िम्मेदारी नहीं है। उसका मानना है कि लाहौर के लोगों को यह बता देना उसका नैतिक दायित्व है। प्यारेलाल चिट्ठी पढ़ रहे हैं। कुछ लोग उनके पास बैठे हैं।)

प्यारेलाल : बापू, रॉबर्ट ब्लैकवेल और लुई फ़िशर साहब के केबिल भी आये हैं...रॉबर्ट साहब ने पूछा है कि आप कराची कब पहुँचेंगे...वे सीधे लन्दन से कराची आना चाहते हैं...फिशर साहब तो आपके साथ पाकिस्तान जाने की ख़्वाहिशमन्द हैं। वे भी आपका पूरा प्रोग्राम जानना चाहते हैं।

गाँधी : पूरा प्रोग्राम तो बताना मुश्किल है...पर इतना निश्चित है कि 10 मार्च को अमृतसर में जनसभा होगी...उसके बाद वाघा बॉर्डर से पाकिस्तान जाऊँगा...

प्यारेलाल : बापू, जिन लोगों ने आपका फ़िल्म पर इंटरव्यू लिया था...वो क्या नाम है...फ़ॉक्स मूवीटोन न्यूज...उनकी टीम आपके साथ पाकिस्तान जाना चाहती है...यूपीआई, रॉयटर्स और एपी के ऑफ़िसों से भी आपके प्रोग्राम की कॉपी माँगी जा रही है...चेन्नई से हिन्दू अख़बार के रघुराजन

साहब ने फोन किया है...वह आपसे बात करना चाहते हैं...

गाँधी : रघुराजन से कल प्रार्थना सभा के बाद बात करूँगा...और मैं न तो किसी को अपने साथ पाकिस्तान जाने से रोकता हूँ और न किसी को दावत देता हूँ...इनवाइट करता हूँ...हाँ, यह ज़रूर है कि ये जर्नलिस्ट बहुत वक़्त ख़राब करते हैं।

प्यारेलाल : वह मैं देख लूँगा...आपसे पूछकर लोगों को वक़्त दिया करूँगा...

गाँधी : बादशाह ख़ान की क्या ख़बर है? क्या अभी भी हाउस अरेस्ट में है?

प्यारेलाल : जी हाँ...अंडर हाउस अरेस्ट...

गाँधी : *(शर्म से सिर झुकाकर)* सोचता हूँ, कभी बादशाह ख़ान से मुलाकात होगी तो मैं उनसे आँखें कैसे मिलाऊँगा...तुम्हें याद है, कांग्रेस जब भारत विभाजन पर सहमत हो गयी थी तो उन्होंने क्या कहा था?

प्यारेलाल : जी हाँ, उन्होंने कहा था, आप लोगों ने हमें भेड़ियों के आगे डाल दिया है...

गाँधी : हाँ यह सच है...बादशाह ख़ान के साथ इन्साफ़ नहीं हुआ...मैं यह तो नहीं कहूँगा कि उनको धोखा दिया गया है लेकिन बहुत बड़ा अन्याय हुआ है...

(प्यारेलाल गाँधी जी की तरफ़ एक काग़ज़ बढ़ाते हैं।)

गाँधी : यह क्या है?

प्यारेलाल : परमिशन लेने का फ़ॉर्म है।

गाँधी : किस चीज़ की परमिशन?

प्यारेलाल : पाकिस्तान जाने के लिए सरकार से परमिशन लेना पड़ेगी।

गाँधी : क्यों?

प्यारेलाल : यही होता है...यह क़ानूनी तरीक़ा।

गाँधी : लेकिन क्यों?

प्यारेलाल : इसको दिखाकर बॉर्डर पर पाकिस्तान जाने के लिए परमिट लेना पड़ेगा।

गाँधी : *(हैरत से)* पाकिस्तान जाने के लिए परमिट...नहीं, नहीं परमिट मैं नहीं लूँगा।

प्यारेलाल : बापू, सब इसी तरह जाते हैं।

गाँधी : सब ग़लती करते हैं तो मैं भी ग़लती करूँ?

प्यारेलाल : बापू, पाकिस्तान एक दूसरा मुल्क है।

गाँधी : प्यारेलाल, मैं दूसरे देश से नहीं अपने लोगों से मिलने जा रहा हूँ...मुश्किल यहीं से शुरू होती है...जब हम अपनों को पराया मानने लगते हैं...तुम जानते हो मैं देश के बँटवारे के ख़िलाफ़ था और ख़िलाफ़ हूँ लेकिन जब यह कर दिया गया तो मैंने यह माना कि एक परिवार के अन्दर कुछ लोग हैं जो अलग रहना चाहते हैं...लेकिन अलग रहने का यह मतलब तो नहीं होगा कि वे परिवार के सदस्य ही नहीं रहे...तो मैं अपने परिवार के लोगों से मिलने जा रहा हूँ...मुझे किसी तरह के नो ऑब्जेक्शन और परमिट की ज़रूरत नहीं है...

प्यारेलाल : *(घड़ी देखते हुए)* ठीक है बापू...आप जो ठीक समझें...बापू, प्रार्थना का समय हो रहा है। लोग आने लगे...

गाँधी : ठीक है, तैयारी करो...

(गाँधी चरखा चलाते रहते हैं। लोग जमा हो जाते हैं। प्रार्थना सभा शुरू हो जाती है। प्रार्थना सभा ख़त्म होने के बाद सभी लोग चले जाते हैं पर चार लोग रुक जाते हैं।)

प्यारेलाल : आप सब क्यों बैठे हैं...क्या कोई काम है?

करतार : हाँ जी...महात्मा जी से कम्म है...

प्यारेलाल : क्या काम है...

करतार : जी, ऐसा है कि साड्डा पिण्ड पाकिस्तान में लायलपुर में भगवानपुरा है।...हमारी वहाँ 125 क़िल्ला ज़मीन में अच्छा गेहूँ होता था...दो फ़सल...कपास बहुत चंगा होंदा सी...जब जी पाकिस्तान का हुल्ला–हुल्ला मचा उधर से आने लगे तो गाँव में हमारा अब्दुल है न...अब्दुल को घर की चाबी देकर और अपने मवेशी सौंपकर आ गये थे...सानूँ ही बात करनी...

प्यारेलाल : मोहना, आपको काम क्या है?

मोहना सिंह : असी बताते हैं जी...ऐसा है जी हम जी रावलपिण्डी के उत्थे गुलयाना पिण्ड से चले थे... लोहार के पहले जी पड़ता है शेख़ुपुरा... उधर से जी निकल रहे थे...लोग आ गये जी हमारे ऊपर हमला कर दिया...साड्डे पास जी क्या था रुपया–पैसा ले गये...वह तो जी कोई बात नहीं... ठीक है...रुपये ले गये रुपये आ जायेगा...पर जी वह हमारी कुड़ी ले गये... हमारी कुड़ी वापस दिला दो महात्मा जी...असी उमर भर तुम्हारी गुलामी करेंगे।

गाँधी : भगवान पर भरोसा रखो सब ठीक हो जायेगा...तुम्हारी बेटी तुम्हें वापस मिल जायेंगी।

पूरन सिंह : सत श्री अकाल जी, मेरा नाम पूरन है...लाहौर दा रहने वाला हूँ...जदो जी झगड़ा शुरू हुआ...मारकाट होने लगी लोग। एधर–ओधर भागने लगे मुझे बोले तू भी इधर से निकल चल तुझे मार डालेंगे मैंने कहा, जी मैंने किसी दा क्या बिगाड़ा है? बोले तो सिख है तो मैंने कहा, सिखों ने किसी का क्या बिगाड़ा है? वे कहने लगे, तू पूछता ही रहेगा और वे तेरे पेट में छुरा भोंक देंगे। मैंने कहा जी, मैं तो कुछ ऐसा करता नहीं...दिल्ली दरवाज़े से निकलता था...शाही गुज़रगाह से होता हुआ...गुड़ मण्डी में आ जाता था फिर उधर से तुंग बाज़ार के लिए मुड़ जाता था और फिर अकबरी गेट बाज़ार होता आज़ाद बाज़ार निकलता था...हमें भी जी चलना है महात्मा जी तुम्हारे साथ... हम जी लाहौर में पैदा हुए...हम जी जन्म से लाहौर में रहे...और कुछ जानते नहीं है...लाहौर छोड़ हमें और कुछ पता नहीं...महात्मा जी सब उधर से भाग रहे थे हम भी जी उनके साथ लाहौर...छोड़ दिये...अमृतसर में जी लाहौर दे नक़्शे के हिसाब से चलते हैं जी...जाणा कहीं होता जी पहुँच कहीं और जाते हैं...और जी लाहौर में जी...हाँ जी माफ़ी माँगना है...जब तक असी लाहौर में जाके माफ़ी नहीं माँगेंगे हमारा मन हल्का नहीं होगा...

सन्तोष : *(खड़ा होकर)* बापू सानूँ भी अपणे नाल लै चलो...

गाँधी : तुम मेरे साथ क्यों चलना चाहते हो?

सन्तोष : *(सिर झुकाकर)* असी सबदे सामने नहीं बतायेंगे महात्मा जी...तूहानूँ अकेले में बतायेंगे।

गाँधी : बात क्या है?

सन्तोष : जी ओ...जी ओ...उदर जी...हाँ जी... तो उसे... *(हकलाने लगता है रुक जाता है।)*

गाँधी : बताओ बताओ...बात क्या है...घबराओ मत।

सन्तोष : बापू उधर साडी कुड़माई हो गयी सी...शादी होनी सी...

(बोलते–बोलते रुक जाता है)

गाँधी : तो फिर?

सन्तोष : दंगे शुरू हो गये जी...ओह उधर ही रह गयी... उसी नूँ ढूँढ़ना है...सो तुहाडे साथ जाना है...मिल जायेगी...मेरा दिल बोलदा है...मिल जायेगी...

गाँधी : हाँ ज़रूर मिल जायेगी...भगवान पर भरोसा रखो...बिगड़े काम वही बनाता है...चलो मेरे साथ चलो...

प्यारेलाल : *(गुरुचरण से)* आप बापू के साथ क्यों जाना चाहते हैं...

दृश्य : पाँच

समय : दिन

पात्र

मौलाना दाऊद

मौलाना साबरी

जमील अहमद

ताहिर अली

शौकत अली

(कट्टरपन्थी मुस्लिम नेता मौलाना दाऊद, मौलाना साबरी और जमील अहमद गाँधी के पाकिस्तान आने से पैदा होने वाले ख़तरों पर बातचीत करते हैं। वे हर सूरत में, हर तरह उसका विरोध करने का फ़ैसला करते हैं। वे तय करते हैं कि मोहम्मद अली जिन्ना से जाकर यह माँग करेंगे कि गाँधी को पाकिस्तान आने की अनुमति न दी जाये। वे यह भी तय करते हैं कि यदि गाँधी पाकिस्तान आयेंगे तो उनका कड़ा विरोध किया जायेगा। शानदार और बड़े ड्राइंग रूम में आरामदेह सोफ़ों पर मौलाना दाऊद, मौलाना साबरी और जमील अहमद बैठे हैं।

सामने मेज़ पर कई अख़बार रखे हुए हैं। ड्राइंग रूम की दीवारों पर इस्लामी इमारतों की बड़ी–बड़ी तस्वीरें लगी हैं। दीवारों पर कुछ तुगरे भी लगे हुए हैं। लेकिन किसी की कोई तस्वीर नहीं है।)

मौलाना दाऊद : दरअसल हमें अपना एतराज़ उसी वक़्त शुरू कर देना चाहिए था, जब जिन्ना साहब ने गाँधी की दरख़्वास्त पर उन्हें पाकिस्तान आने की इजाज़त दी थी।

मौलाना साबरी : लेकिन इजाज़त कुछ शर्तों के साथ है...और उसमें एक बड़ी शर्त है कि पाकिस्तान में गाँधी 'टू नेशन थ्योरी' के ख़िलाफ़ कोई बात नहीं करेंगे...अख़बारों में छपा था कि गाँधी ने ये शर्त मान ली है...

मौलाना दाऊद : देखिए...गाँधी अगर यहाँ ख़ामोश ही रहें तब भी पाकिस्तान में उनकी मौजूदगी हमारे और इस्लामी मुल्क के लिए एक बहुत बड़ा ख़तरा साबित होगी...

जमील अहमद : गाँधी ख़ामोश नहीं रहेंगे...उन्होंने अपने इंटरव्यू में साफ़ कहा है कि वो पाकिस्तान में वही अपील करने आ रहे हैं जो उन्होंने दिल्ली में की थी...वहाँ उन्होंने हिन्दुओं से अपील की थी कि मस्जिदों और मुसलमानों के घरों और दुकानों पर जिन हिन्दुओं ने ज़बर्दस्ती क़ब्ज़ा कर लिया है उसे वापस करें...उन्होंने यह भी अपील की थी कि जो मुसलमान पाकिस्तान से लौटकर वापस आना चाहें...उनको आने दिया जाये...

अब आप तसव्वुर करें कि गाँधी अगर ऐसे ही अपील पाकिस्तान में करते हैं तो उसके क्या नतीजे निकलेंगे...

ताहिर अली : समझ में नहीं आता के क़ायदे आज़म ने गाँधी जी को पाकिस्तान आने की इजाज़त क्यों दे दी?

मौलाना साबरी : जनाब, शुरुआत तो उसी वक़्त हो गयी थी जब क़ायदे आज़म ने अपनी तक़रीर में यह फ़रमाया था कि पाकिस्तान सभी का मुल्क है...मतलब यहाँ हिन्दू, मुसलमान, सिख, ईसाई सबके बराबर हुकूक़ होंगे...सबको अपनी-अपनी इबादतगाहों में जाने की पूरी आज़ादी होगी।

मौलाना दाऊद : कुछ लोगों को जिन्ना साहब पर बड़ा यक़ीन था...बहुत अच्छा हुआ वह यक़ीन टूट गया...ख़त्म हो गया...मैं तो हमेशा से ही यह कहता रहा हूँ कि मुस्लिम लीग का पाकिस्तान इस्लामी मुल्क नहीं हो सकता...नहीं होगा...हम पाकिस्तान में एक ग़ैर-इस्लामी निज़ाम बनायेंगे...हमें कोशिश करके पाकिस्तान को इस्लामी उसूलों पर ढलने की जद्दोजहद करनी होगी...

जमील अहमद : मैं तो यह समझ रहा था कि ये जद्दोजेहद में कुछ देर में शुरू होगी...लेकिन क्या मालूम था कि पाकिस्तान बनते ही यह शुरू हो जायेगी।

मौलाना साबरी : और अब गाँधी ने यह भी साफ़-साफ़ कह दिया है कि वह पाकिस्तान परमिट लेकर नहीं आयेगा और उनके साथ जितने लोग आयेंगे वे भी परमिट नहीं लेंगे...'जंग' ने अपने एडिटोरियल

में साफ़–साफ़ लिखा है कि गाँधी का परमिट न लेकर पाकिस्तान आने पर इसरार करना बहुत मानीखेज़ है...बहुत मीनिंगफुल है...क्या इसका यह मतलब निकाला जाये कि गाँधी पाकिस्तान को मुल्क नहीं मानते...क्या इसका ये मतलब निकाला जाये कि उनकी शख़्सियत इतनी बड़ी है, इतनी अज़ीम है कि उन्हें परमिट लेने की कोई ज़रूरत नहीं है... क्या इसे पाकिस्तान की तौहीन न माना जाये...पाकिस्तान एक ख़ुदमुख़्तार मुल्क है और उसकी वही हैसियत है जो भारत की है...

मौलाना दाऊद : 'जंग' का एडिटोरियल लिखने वाले की समझ में यह बात नहीं आयी कि यह गाँधी की पुरानी चाल है...उसने हमेशा यह कोशिश की है कि मुसलमानों के दिलो–दिमाग़ से यह बात मिटा दी जाये कि उनकी अलग क़ौमियत है... उनके इस एहसास को ख़त्म कर दिया जाये। नतीजा यह निकलेगा कि मुसलमान अन्दर से खोखले हो जायेंगे...

जमील अहमद : बहुत ताज्जुब की बात है कि गाँधी के इस बयान पर पाकिस्तान की सरकार का कोई रद्दे–अमल अभी तक सामने नहीं आया। अभी तक पाकिस्तान की सरकार की तरफ़ से यह नहीं कहा गया कि बग़ैर परमिट के गाँधी को पाकिस्तान में दाख़िल नहीं होने दिया जायेगा...

मौलाना दाऊद : एक तरह से यह अच्छा ही हो रहा है।

मौलाना साबरी : कैसे मौलाना?

मौलाना दाऊद : पाकिस्तान के मुसलमान यह समझ जायेंगे कि क़ायदे आज़म मुसलमानों के हमदर्द नहीं हैं... पाकिस्तान को इस्लामी मुल्क नहीं बनाना चाहते... पाकिस्तान और भारत के दरमियान कोई फ़र्क़ नहीं रखना चाहते।

(शौकत अली अन्दर आते हैं सलाम करके बैठ जाते हैं।)

मौलाना दाऊद : कहिए, शौकत अली...आपकी पार्टी का क्या रद्दे—अमल है...गाँधी के पाकिस्तान आने और वो भी बग़ैर परमिट के पाकिस्तान आने पर मुस्लिम लीग के लीडरान क्या सोच रहे हैं?

शौकत अली : पार्टी के सभी लीडर बहुत नाराज़ हैं। लियाक़त साहब और रब साहब तो इतना ग़ुस्से में हैं कि इस्तीफ़ा तक दे सकते हैं...ग़ज़नफर अली साहब हमेशा की तरह न इधर हैं और न उधर... हाँ गुलाम मोहम्मद साहब ने भी सख़्त स्टैंड ले लिया...

मौलाना दाऊद : इनमें से कोई जिन्ना से भी बात कर सकता है?

शौकत अली : अभी तक पार्टी में कोई सुनगुन नहीं है...अखबारों में जो छपा है उसकी बुनियाद पर कोई फ़ैसला नहीं लिया जा सकता और फिर जिन्ना साहब से बात करने की हिम्मत कौन कर सकता है?

मौलाना दाऊद : मुस्लिम लीग के लोग...मेरे ख़याल से कुछ न कर सकेंगे...हम ही लोगों को बड़े पैमाने पर बाहर निकालना पड़ेगा...मुज़ाहिरे करना पड़ेंगे...डेमोंसट्रेशन किये जायेंगे...एक अवामी तहरीक शुरू की जायेगी...यह एक सुनहरा मौक़ा

भी हो सकता है बड़े पैमाने पर मुज़ाहिरे जिन्ना साहब को झुका सकते हैं...उन्हें साफ़तौर पर यह मानना पड़ सकता है कि पाकिस्तान इस्लामी मुल्क है...गाँधी को परमिट लेकर पाकिस्तान क्यों नहीं आ रहे हैं? इन सब सवालों से उनके लिए बच निकलना मुश्किल होगा...लेकिन सवाल यही है कि हम कितने बड़े पैमाने पर प्रोटेस्ट कर सकते हैं?

ताहिर अली : मेरे ख़याल से जिन्ना साहब से तो मिलना ही चाहिए...लेकिन बहुत उम्मीद नहीं करना चाहिए। पता नहीं, उनका क्या रुख़ हो। इसलिए हमें यह भी सोचना चाहिए कि कौन लोग इस मसले पर हमारे साथ आ सकते हैं?

शौकत अली : आने को तो मुस्लिम लीग के कुछ लोग भी हमारे साथ आ सकते हैं लेकिन जिन्ना साहब के सामने वे कितना हिम्मत दिखा पायेंगे? इसमें शक है...पीठ पीछे कोई कुछ भी कह सकता है।

मौलाना दाऊद : देखिए, इस बात का बड़े पैमाने पर प्रोपेगेंडा किया जाना चाहिए...अगर सभी हिन्दू लौट आते हैं और अपनी अपनी जायदाद पर उन्हें क़ब्ज़ा मिल जाता है तो उन लोगों का क्या होगा... उन मुसलमानों का क्या होगा जो हिन्दुस्तान से यहाँ आये हैं? उन ग़रीब मुसलमानों का क्या होगा...जिन्हें सालों के बाद ज़मीन का एक टुकड़ा मिल गया है...जिनके सर पर एक छत आ गयी है।

जमील अहमद : जब कि ये हक़ीक़त नहीं है...ये सच्चाई नहीं है...मकानों, दुकानों...

मौलाना दाऊद : *(बात काटकर)* तुम ठीक कह रहे हो जमील अहमद...लेकिन इन हालात में आम मुसलमानों को एक प्लेटफ़ॉर्म पर लाने का काम और वह भी क़ायदे आज़म के ख़िलाफ़ एक मोर्चा बनाने का काम इतना मुश्किल है कि उसके लिए यह सब करना ज़रूरी हो... ताहिर साहब आप कायदे आजम के ऑफ़िस से मुलाकात का वक़्त तय कीजिए...

दृश्य : छह

समय : दिन

पात्र

जिन्ना

मौलाना दाऊद

मौलाना साबरी

जमील अहमद

साबिर अली

खुर्शीद

(पाकिस्तान के गवर्नर जनरल जिन्ना के ऑफ़िस में उनका सचिव खुर्शीद फ़ाइलें लगा रहा है। जिन्ना आते हैं...खुर्शीद उनको सलाम करता है। मुस्लिम नेताओं का डेलीगेशन आता है। सब बैठ जाते है...खुर्शीद बाहर निकल जाता है। जिन्ना के साथ कट्टरपन्थी मुस्लिम नेताओं की मीटिंग। जिन्ना कट्टरपन्थियों की माँग पर जवाब देते हैं कि जो पाकिस्तान के हित में होगा वह किया जायेगा।)

मौलाना साबरी : *(कुछ काग़ज़ बढ़ाता है। जिन्ना काग़ज़ नहीं लेते। सिगार पीते रहते हैं। मौलाना साबरी काग़ज़ मेज़ पर रख देता है।)* इज़्ज़ते–मआब जनाब गवर्नर जनरल साहब, आपके इल्म में होगा कि मिस्टर मोहनदास करमचन्द गाँधी अपने बहुत से परस्तारों के साथ पाकिस्तान की बॉर्डर पर आ चुके हैं और वो इसरार कर रहे हैं कि उन्हें बग़ैर परमिट पाकिस्तान में दाख़िल होने दिया जाये...हम सबकी राय यह है कि पाकिस्तान खुद मुख़्तार मुल्क है...उसके अपने क़ायदे–क़ानून हैं और किसी शख़्स को हमारे मुल्क के क़ायदे–क़ानून तोड़ने का हक़ नहीं है इसलिए पाकिस्तान में मिस्टर गाँधी का दाख़िला रोक दिया जाये...

जमील अहमद : योर एक्सीलेंसी...सब जानते हैं कि गाँधी मुसलमानों का दुश्मन है और किसी दुश्मन को मुल्क में आने की इजाज़त नहीं देना चाहिए।

शौकत अली : हुजूरे अली, गाँधी के पाकिस्तान आने से सारा निज़ाम दरहम बरहम हो जायेगा। उसके साथ जो हिन्दू हैं वो अपने मकानों, दुकानों और ज़मीनों ज़्यादा पर क़ब्ज़ा करना चाहेंगे और इससे फ़साद और बढ़ जायेंगे...मेरे मुल्क में तबाही आ जायेगी।

साबिर अली : इज़्ज़ते–मआब जनाब गवर्नर जनरल साहब हम इस्लामी मुल्क में...

जिन्ना : प्लीज नोट...पाकिस्तान इज़ मुस्लिम कंट्री बट इट्स नॉट इस्लामिक कंट्री...डू नॉट कंफ़्यूज बिटवीन नेशनलिटी एंड रिलीजन...पाकिस्तान

में किसी भी मज़हब को मानने वाले रह सकते हैं और उन्हें वहीं राइट्स होंगे जो मुसलमानों को होंगे...

शौकत अली : अब मुश्किल यह है कि लाहौर से भी सैकड़ों लोग वाघा बॉर्डर की तरफ़ जा रहे हैं वो कहते हैं कि हम गाँधी का इस्तक़बाल करने जा रहे हैं, वेलकम करने जा रहे हैं... रिसीव करने जा रहे हैं...

जिन्ना : लाहौर से जो लोग जा रहे हैं वो मुसलमान हैं न?

शौकत अली : जी हाँ...वो मुसलमान हैं।

जिन्ना : तो वो लोग आप लोगों की बात क्यों नहीं मानते...आप तो क़ौम के रहनुमा हैं...मुसलमान आपके पीछे चलते हैं...

(कुछ क्षण के लिए सब चुप हो जाते हैं।)

मौलाना दाऊद : जनाब गाँधी के साथ जो हिन्दू और सिख पाकिस्तान आ रहे हैं वो अपनी जायदाद पर क़ब्ज़ा करना चाहेंगे...मुसलमान भाइयों से अपने मकानात ख़ाली करवाना चाहेंगे...अपनी दुकानों में क़ब्ज़ा करेंगे...खेतों में खड़ी फ़सल काटना चाहेंगे...मतलब यह जनाबे–आला कि पूरे मुल्क का इन्तज़ाम दरहम–बरहम हो जायेगा... गली–गली में ख़ून–ख़राबा होगा... मुहाज़िर ठीक से बसने भी नहीं पाये हैं कि उनके उजड़ने का सिलसिला शुरू हो जायेगा...

जिन्ना : मैंने इन सब मसलों पर ग़ौर कर लिया है... ऐसा कुछ नहीं होगा...मुल्क में अमन क़ायम रहे यह मेरी ज़िम्मेदारी है और उसे पूरा किया जायेगा...आप लोग और कुछ कहना चाहते हैं...

मौलाना साबरी : इज़्ज़ते–मआब माफ़ करें...कहने की इजाज़त दें...हम लोगों ने अपने ख़ून पसीने से पाकिस्तान बनाया है...

जिन्ना : आप ग़लत कह रहे हैं...पाकिस्तान...मैंने, मेरे सेक्रेटरी ने और मेरे टाइपराइटर ने बनाया है...आप लोग जा सकते हैं। मुल्क की बेहतरी के लिए जो ज़रूरी होगा, वह किया जायेगा। शुक्रिया...

(सब उठकर चले जाते हैं। जिन्ना अकेले रह जाते हैं। उनका सेक्रेटरी खुर्शीद हसन आते हैं।)

जिन्ना : तुम इन लोगों को जानते हो जो अभी यहाँ बैठे थे...

खुर्शीद : जी हाँ...अच्छी तरह...

जिन्ना : ये लोग मुझे पसन्द नहीं करते और मैं इन लोगों को पसन्द नहीं करता...पाकिस्तान बनने से पहले ये लोग हमारी मुख़ालफ़त किया करते थे...लेकिन पाकिस्तान बन जाने के बाद इनके हौसले बुलन्द हो गये हैं...ये नहीं चाहते कि गाँधी पाकिस्तान आयें...गाँधी को पाकिस्तान आने से अगर रोक दिया जाता है तो ये उसका पूरा फ़ायदा उठायेंगे और गाँधी अगर पाकिस्तान आते हैं तो उसकी मुख़ालफ़त करके, प्रोटेस्ट करके भी ये फ़ायदा उठाना चाहेंगे... तुम्हारा क्या ख़याल है कि गाँधी पाकिस्तान में कितना मक़बूल हैं? क्या यहाँ उन्हें लोग पसन्द करते हैं?

खुर्शीद : दिल्ली के फ़सादात के दौरान गाँधी का जो रोल रहा...उन्होंने जो अनशन किया और फिर पाकिस्तान को पचपन करोड़ देने के लिए भारत सरकार पर जो दबाव डाला उसकी बिना पर कहा जा सकता है कि पाकिस्तान में गाँधी मक़बूल हैं...

जिन्ना : *(कुछ ठहरकर)* मैं भी यही समझता हूँ...सुनो लाहौर के कमिश्नर को फोन कर दो...मैं कल लाहौर जाऊँगा...मेरे लाहौर से वाघा बॉर्डर तक जाने का इन्तज़ाम किया जाये...मैं वहाँ गाँधी से मिलूँगा और उन्हें अपने साथ कराची लाऊँगा...
(खुर्शीद का मुँह आश्चर्य से खुला–का–खुला रह जाता है और जिन्ना कुर्सी से उठ जाते हैं।)

दृश्य : सात

समय : रात

पात्र

सन्तोष

करतार

महना

पूरन

गुरुचरण

और अन्य

(वाघा बॉर्डर पर गाँधी जी और उनके साथ कई सौ दूसरे लोगों को रोक दिया गया है जो पाकिस्तान जाना चाहते हैं। वे पेड़ों के नीचे डेरा डाले हुए है। गाँधी जी के लिए एक कुटिया बना दी गयी है। सन्तोष गनपत, महना, पूरन एक पेड़ के नीचे ठहरे हुए हैं। रात का वक़्त है। अलाव जल रहा है। उनकी समस्याएँ और उनके सम्बन्ध सामने आते हैं। आसपास के गाँव उनकी मदद कर रहे हैं। वे आशा करते हैं कि गाँधी के साथ पाकिस्तान जाकर उनकी समस्या का समाधान हो जायेगा।)

सन्तोष : *(आलू लेकर आया है)* बड़े चंगे लोग हैं पिण्ड के...आलू दे पैसे नहीं ले रहा था...कहंदा था परदेसी हो...खुले असमान के थल्ले पड़े हो... महात्मा दे नाल आये हो...पाकिस्तान जा रहे हो...रब्ब जाणे क्या हो क्या न हो...जाओ रोटी खाओ...रब दा शुक्र मना लो...

करतार : पुत्तर भला चंगे–मन्दे लोग कित्थे नहीं हैं। ला आलू अग विच जमा दें...दहक रिहा है...थोड़ी ही देर विच भुन जायेंगे...

(चारों मिलकर आलू को अलाव में दबाते हैं।)

पूरन : ऊपर नहीं रखदे पुत्तर नीचे गर्म राख दे नीचे दबा।

महना : जाणे मआत्मा जी कदों अगे बढ़ेंगे ऐदर हफ्ता 10 दिन ते हो ही गये।

सन्तोष : महात्मा जी परमिट लिते बिना पाकिस्तान जाना चाहते हैं ते सेना रोकदी है।

(गाँव की एक औरत पोटली लिये हुए आती है और आवाज़ देती है।)

औरत : सन्तोष...ओए सन्तोष...ओए सन्तोष...

सन्तोष : एदर माई एदर एदर...

औरत : ले रोटी लाई हूँ।

सन्तोष : ओए तू क्यों परेशान होंदी है...मैं आलू ते ले आया था।

औरत : आलू से भी कहीं पेट भरता है? रोटी खा लो रोटी।

(औरत रोटी देकर चली जाती है। सन्तोष रोटियाँ सबको देता है।)

महना : *(अपनी रोटियाँ गिनकर)* ओए ऐय तूने मैंनूँ चार रोटियाँ क्यों दे दी...क्या तूने सबनूँ।
चार–चार ही दी हैं...ते तेरे वास्ते किनी बची हैं?

सन्तोष : मैं ते आलू वी खा लूँगा, तुस्सी लोग रोटी खाओ...

करतार : यह नहीं हो सकदा मुण्डे को रोटी खिलाओ... पाकिस्तान पहुँचते–पहुँचते कहीं सूख न जाये।
(करतार, पूरन और महाना अपने हिस्से की एक–एक रोटी निकालकर सन्तोष को दे देते हैं।)

सन्तोष : अरे! ऐनी खा के ते मैं मर जाऊँगा।

करतार : कैसा जवान है तू मैं तेरी उमर दा सी ते 8 रोटी ते इक्क घड़ा लस्सी पींदा था तभी आज तक हड्डी में जाण है...
(गुरुचरण आते हैं उनके कन्धे पर बिस्तर और हाथ में झोला है।)

गुरुचरण : दोस्तों, आप लोगों के साथ बैठ सकता हूँ...

करतार : बैठो जी बैठो...रोटी खाओ...

गुरुचरण : रोटी मेरे पास है...पर अकेले खाने का क्या मज़ा...आप लोगों के साथ बैठ कर खाऊँगा...

महना : वाह जी वाह...ए कोई गल हुई...

सन्तोष : आप भी बाबा के साथ चल रहे हो लाहौर...

गुरुचरण : हाँ, मैं भी जा रहा हूँ...

सन्तोष : तुसी लाहौर में कि करदे थे...

गुरुचरण : स्कूल मास्टर था...बच्चों को उर्दू और हिसाब पढ़ाता था...

पूरन : हाँ जी...हमने जी देखा है... छत्ता अख़बर ख़ाँ विच स्कूल में ना?

गुरुचरण : हाँ–हाँ वहीं...

करतार : लाहौर किस वास्ते जा रहे हो...

गुरुचरण : एक छोटी–सी बात है...पर जो मेरे घर में रहे रहे हैं उनके लिए तो बहुत बड़ी...

सन्तोष : हाँ जी, बड़ी बात न होती तो आप इतनी तकलीफ़ क्यों उठाते...

पूरन : बैठो, रोटी खाते हैं...

(सब खाना खाते हैं।)

पूरन : देख पुत्तर खाना खाणे ते खिलाने विच शरमाया न कर...

(सब हँसते हैं, खाना ख़त्म हो जाता है। बूढ़े लेट जाते हैं चादर ओढ़ लेते हैं। सन्तोष गुरुबानी गाना शुरू करता है)

सन्तोष : *(गाता है)*

मित्तर प्यारे नूँ
हाल मुरीदाँ दा कहणा
तुध बिन रोग रज़ाइयाँ दा ओढ़न
नाग निवासाँ दे रहणा
सूल सुराही खँजर प्याला
बिंग कसाइयाँ दा सहणा
यारड़े दा सानूँ सथर चंगा
भट्ठ खेड़ेयाँ दा रहणा

(गाना ख़त्म होता है।)

करतार : बड़ा दरद है तेरी आवाज़ में...

महना : दिल ते सीधा असर करदी है...

पूरन : लगदा है दिल चीर के गाता है...जादू वरगा असर है।

दृश्य : आठ

समय : दिन

पात्र

जिन्ना

फ़ातिमा जिन्ना

(जिन्ना और फ़ातिमा जिन्ना चाय पी रहे हैं। जिन्ना फ़ातिमा को यह बता रहे हैं कि पाकिस्तान के कट्टरपन्थी मुस्लिम नेता चाहते हैं कि गाँधी को पाकिस्तान न आने दिया जाये। उनकी माँग को अगर मान लिया जाता है तो कट्टरपन्थी अधिक ताक़तवर हो जायेंगे और अगर उनकी माँग को अस्वीकार कर दिया जाता है और गाँधी पाकिस्तान आ जाते हैं तो उदारपन्थी शक्तियों को ताक़त मिलेगी। कट्टरपन्थी मुस्लिम शक्तियाँ दरअसल जिन्ना की विरोधी हैं। वे चाहते हैं कि पाकिस्तान को इस्लामी देश बनाया जाये, जबकि जिन्ना का मत है कि पाकिस्तान सेकुलर डेमोक्रेटिक मुस्लिम देश है। इन हालात में जिन्ना तय करते है कि वे बॉर्डर

पर जाकर गाँधी को रिसीव करेंगे और अपने साथ कराची लायेंगे।)

फ़ातिमा जिन्ना : आज पाकिस्तान के अख़बारों की सारी हेड लाइन्स गाँधी के पाकिस्तान विजिट के बारे में है।

जिन्ना : पाकिस्तानी ही नहीं...हिन्दुस्तान के अख़बार और दुनिया के कुछ दूसरे बड़े अख़बार भी इसमें दिलचस्पी ले रहे हैं...गाँधी के साथ यूरोप और अमरीका की बड़ी न्यूज एजेंसियों के रिपोर्टर भी साथ है...इसका सीधा मतलब यही निकलता है कि यह सिर्फ़ दो मुल्कों का मामला नहीं है...इस पर पूरी दुनिया की नज़र है।

फ़ातिमा जिन्ना : गाँधी के पाकिस्तान आने का दरअसल मक़सद क्या है?

जिन्ना : *(हँसकर)* उनका एक मक़सद तो ज़ाहिर है... वो हिन्दुओं और मुसलमानों के दरमियान एक अच्छा रिश्ता बनाना चाहते हैं...ये चाहते हैं कि फ़साद रुके...हिन्दुओं और मुसलमानों में जो एक दूसरे के लिए नफ़रत पैदा हो गयी है, वह ख़त्म हो और अगर कोई हिन्दू पाकिस्तान में रहना चाहता हो तो वो इज़्ज़त से रह सके...

फ़ातिमा जिन्ना : यह तो तुम्हारे कांस्टीट्यूएंट असेंबली के एड्रेस में भी कहा गया है...इसमें ऐसी नयी बात क्या है?

जिन्ना : गाँधी इसे इंप्लीमेंट होता हुआ देखना चाहते हैं...बहुत अच्छी बात है...

फ़ातिमा जिन्ना : लेकिन वो बग़ैर परमिट क्यों आना चाहते हैं...

जिन्ना : इसका ताल्लुक़ उनके उस एजेंडे से है जिसे अब तक वो सामने नहीं लाये।

फ़ातिमा जिन्ना : वह क्या है?

जिन्ना : दरअसल गाँधी, हिन्दुस्तान और पाकिस्तान के रिलेशनशिप को डिफ़ाइन करना चाहते हैं...

फ़ातिमा जिन्ना : किस तरह की रिलेशनशिप की बात कर रहे हैं?

जिन्ना : वो नहीं चाहते कि पाकिस्तान और हिन्दुस्तान दो ऐसे मुल्क बने जैसे यूरोप में बने हैं...पाकिस्तान से हिन्दुस्तान और हिन्दुस्तान से पाकिस्तान आने–जाने पर रस्मी–सी पाबन्दी हो...वहाँ के किसी शहरी को यहाँ आकर रहने और यहाँ के किसी शहरी को वहाँ जाकर रहने की इजाज़त हो...

फ़ातिमा जिन्ना : तब ये दो मुल्क दो आज़ाद मुल्क कैसे होंगे?

जिन्ना : दुनिया में कई ऐसे मुल्क हैं जिनके दरमियान इसी तरह का रिश्ता है...ऐसा रिश्ता हिन्दुस्तान और पाकिस्तान के दरमियान क्यों नहीं हो सकता...और तुम तो सुन चुकी हो मैंने जो श्रीप्रकाश से कहा था।

फ़ातिमा जिन्ना : क्या तुम उसके बारे में सीरियस हो?

जिन्ना : हाँ, मैं बहुत सीरियस हूँ...तुम्हें भी बम्बई शहर पसन्द है और मुझे भी...यहाँ कुछ ज़िम्मेदारियों को पूरा करने के बाद क्यों न हम बम्बई चले जायें...

(दोनों बेयक़ीनी वाली हँसी हँसते हैं।)

जिन्ना : गाँधी यह भी साबित करना चाहते हैं कि उनके साथ अवाम हैं...अवाम की ताक़त के सहारे वह

कुछ भी कर सकते हैं...तुमने पढ़ा होगा सरहद पर वो अकेले नहीं है...उनके साथ बहुत लोग हैं जिनकी तादाद लगातार बढ़ती जा रही है... लाहौर और पंजाब के दूसरे इलाक़ों से भी कुछ लोग सरहद पर पहुँच रहे हैं...उनकी ख़्वाहिश गाँधी को देखने और गाँधी का वेलकम करने की है...इस सूरते–हाल में पाकिस्तान की पुलिस या फ़ौज गाँधी को रोकने की कोशिश करेंगी तो बड़ी वायलेंस करनी पड़ेगी...वहाँ पूरी दुनिया का प्रेस मौजूद है...क्या उसके सामने पाकिस्तान की सरकार में ऐसा कर सकेगी या करेगी?

फ़ातिमा जिन्ना : क्या यह सच्चाई है कि पाकिस्तान में गाँधी पॉपुलर हैं?

जिन्ना : सब जानते हैं गाँधी ने अगर दिल्ली में फ़ास्ट न रखा होता तो मुसलमानों का क़त्लेआम न रुका होता...मुसलमानों को बचाकर उन्होंने मेजॉरिटी हिन्दुओं के ग़ुस्से को बर्दाश्त किया है...सरकार की नाराज़गी भी मोल ली है...कांग्रेस के लीडर भी उनसे नाख़ुश हुए थे और फिर हमें पचपन करोड़ दिये जाने के पीछे भी गाँधी की मर्ज़ी शामिल थी...मर्ज़ी ही नहीं बल्कि गाँधी का दबाव...गाँधी का प्रेशर...यह सब जानते हैं...यही वजह है कि गाँधी पाकिस्तान में पॉपुलर हैं...और मैं निजी तौर पर यह मानता हूँ कि गाँधी से मेरे तमाम डिसएग्रीमेंट रहे हैं...मैंने उनकी जितनी मुख़ालफ़त की है उतनी किसी और की नहीं की ...उसके बावजूद यह भी मानता हूँ कि हिन्दुस्तान के लीडरों में गाँधी से बड़ा मुसलमानों का कोई

हमदर्द नहीं है...लेकिन कट्टर मुसलमान उन्हें पसन्द नहीं करते आज भी मेरे पास कुछ लोग यह कहना आये थे कि गाँधी को पाकिस्तान में आने से रोक दिया जाये...

फ़ातिमा जिन्ना : तुमने क्या तय किया...

जिन्ना : गाँधी को रोकने का मतलब होगा, कट्टर पाकिस्तान के मुसलमानों को ख़ुश करना...उनका 'बेस' और मज़बूत होगा...तुम तो जानती ही हो मुस्लिम लीग में भी ऐसे लोगों की 'मेजॉरिटी' है जो पाकिस्तान को इस्लामी मुल्क बनाना चाहते हैं। दूसरी कट्टर जमातें भी पाकिस्तान को मुस्लिम मुल्क बनाना चाहते हैं...मैं अकेला हूँ जो पाकिस्तान को इस्लामी 'मुल्क' नहीं 'मुसलमानों' का मुल्क बनाना चाहता हूँ...मुझे लगता है कि मैं तक़रीबन अकेला हूँ।

दृश्य : नौ

समय : दिन

पात्र

जमील अहमद

मौलाना साबरी

शौकत अली

ताहिर अली

अतीक़ : एक उदारवादी

रज़ा : एक साधारण आदमी

सलीम : एक प्रगतिशील आदमी

आदमी 1 : एक धार्मिक व्यक्ति

(एक बड़ा–सा बैनर लगा हुआ है जिस पर बीच में उर्दू में मोटा–मोटा लिखा है, 'मुसलमानों और पाकिस्तान के दुश्मन गाँधी वापस जाओ' बैनर के ऊपर बायें हाथ के कोने पर लिखा है, 'पाकिस्तान बचाओ' दाहिने हाथ के कोने पर लिखा है, 'इस्लाम बचाओ।' नीचे लिखा है, क़ायदे आज़म से अपील है, 'पाकिस्तान बचायें, पाकिस्तान के दुश्मन को भगायें।' बैनर के नीचे 10–12 लोग बैठे हैं। बैनर पर कुछ लोगों के

नाम लिखे हैं जिनमें मौलाना दाऊदी, मौलाना सबरी, जमील अहमद, शौकत अली, मियाँ बशीर के नाम प्रमुख हैं। एक दूसरे बैनर पर लिखा है, 'मुस्लिम दुश्मन गाँधी को मार भगाओ–मार भगाओ।' बैनरों को देखकर दो लोग रुक जाते हैं, उनमें से एक आदमी पूछता है।)

(रज़ा आकर बैनर पढ़ने की कोशिश करता है शौकत अली उसके पास आता है और एक परिचय देता है।)

शौकत अली : लीजिए इन पर्चों में सब लिखा है यह कमबख़्त गाँधी पाकिस्तान आकर सब किया–धरा चौपट कर देगा।

रज़ा : भाई साहब, मैं ज़्यादा तो नहीं जानता लेकिन मुझे याद है...गाँधी ख़िलाफ़त तहरीक़ में भी तो...

(अतीक़ मंच पर आता है।)

जमील अहमद : *(रज़ा की बात काटकर)* अरे, वो पुरानी बात है जनाब...उसे भूल जाइए अब पाकिस्तान बन चुका है...अब यहाँ किसी हिन्दू का कोई काम नहीं है...और गाँधी को तो यहाँ बर्दाश्त ही नहीं किया जायेगा...

अतीक़ : आप लोग गाँधी की मुख़ालफ़त क्यों कर रहे हैं? उसकी वजह से पाकिस्तान को पचपन करोड़ मिला है...गाँधी ने कोशिश न की होती तो हम लोग भूखे मर गये होते...

(सलीम मंच पर आता है।)

शौकत अली : *(अतीक़ से)* क्या बात कर रहे हैं आप...अरे भारत को 55 करोड़ तो देना ही पड़ता मोहायदा हुआ था...

अतीक़ : वो अगर न देते तो क्या आप जाकर वसूल कर लाते हैं...पटेल और नेहरू आपको थैली दे देते...अरे जनाब, गाँधी न होता तो आपको एक पैसा न मिलता...

जमील अहमद : चलिए मान लिया...लेकिन अब यहाँ गाँधी का क्या काम?

अतीक़ : काम निकल गया तो आप उसे दूध की मक्खी की तरह निकालकर फेंक देंगे?

ताहिर अली : और नहीं तो क्या सिर पर बिठा लें...

सलीम : आप भी कमाल करते हैं...अरे, गाँधी ने दिल्ली के मुसलमानों के लिए भूख हड़ताल की थी कि नही...बताइए आपको तो पता होगा...आप जर्नलिस्ट हैं...

अतीक़ : गाँधी न होता तो दिल्ली में एक मुसलमान न बचता...और आप गाँधी की मुख़ालफ़त कर रहे हैं...गाँधी मुसलमानों का हमदर्द है...

मौलाना साबरी : *(गरजकर)* यह ग़लत बात है वह मुसलमानों का...पाकिस्तान का दुश्मन है...

जमील अहमद : वह यहाँ हिन्दुओं को बचाने आ रहा है...

अतीक़ : क्यों क्या हिन्दुओं को बचाना कोई ग़ैर इस्लामी काम है...

(एक आदमी आता है।)

जमील अहमद : जनाब, वह चाहता है यहाँ जो मन्दिर तोड़ दिये गये हैं उनकी मरम्मत की जाये और वही मरम्मत करें जिन्होंने तोड़े है।

आदमी 1 : किसी भी इबादतगाह को तोड़ना अच्छी बात नहीं है...और उसकी मरम्मत ज़रूर होनी चाहिए।

ताहिर अली : आप लोग जानते नहीं...वो लाहौर में फिर से हिन्दुओं को बसाना चाहता है।

अतीक़ : तो इसमें आपको क्या तकलीफ़ है?

मौलाना साबरी : पाकिस्तान इस्लामी मुल्क है...

सलीम : आपने क़ायदे आज़म की तक़रीर तो सुनी होगी जिसमें उन्होंने साफ़–साफ़ कहा है कि पाकिस्तान में किसी भी मज़हब का आदमी रह सकता है और उसे अपने मज़हब पर चलने की उसे पूरी आज़ादी है...

मौलाना साबरी : *(लापरवाही से)* कह दिया होगा...लेकिन हक़ीक़त यह है कि पाकिस्तान इस्लामी मुल्क बनेगा... यहाँ शरीयत के मुताबिक़ क़ानून नाफ़िज़ किये जायेंगे...

सलीम : शरीयत के क़ानून तो सिर्फ़ मुसलमानों के लिए ही होंगे...हिन्दुओं पर तो वो क़ानून लागू नहीं होंगे...

मौलाना साबरी : जी हाँ...

अतीक़ : अरे! मौलाना साहब...मुसलमान चोर के तो आप हाथ कटवा देंगे और हिन्दू चोर को साल या छह महीने की सज़ा देंगे...यह कौन–सा इन्साफ़ होगा...मुसलमान चोर को क्या आप हिन्दू चोर से बड़ा मानेंगे...

जमील अहमद : अरे जनाब, यह बहसें तो होती रहेंगी, अभी मुश्किल यह आने वाली है कि गाँधी के साथ जो हिन्दू आ रहे हैं उन्हें गाँधी उनकी जायदाद पर क़ब्ज़ा दिलाना चाहते हैं...

रज़ा : तो इसमें क्या बुरी बात है?

जमील अहमद : *(बिगड़कर)* बुरी बात...अरे जनाब बुरी–बुरी है...

राजा : क्या?

जमील अहमद : सब जानते हैं कि पाकिस्तान बनने से पहले पूरी माल रोड की मार्केट में मुसलमानों की सिर्फ़ एक दुकान थी और अनारकली बाज़ार में सिर्फ़ तीन दुकानें थीं...बाकी सारी दुकानें हिन्दुओं की थीं...अब ख़ुदा के फ़ज़्ल से पूरी माल रोड और अनारकली बाज़ार की सभी दुकानें मुसलमानों की है...

सलीम : हिन्दुओं की दुकानों पर क़ब्ज़ा कर लिया है... नाजायज़ क़ब्ज़ा कर लिया है...

अतीक़ : एक तरफ़ तो आप लोग इस्लामी मुल्क की बात करते हैं दूसरी तरफ़ दूसरों की जायदाद को हड़प लेने को जायज़ ठहराते हैं...आपका इस्लामी मुल्क मेरी समझ में तो आता नहीं।

ताहिर अली : लेकिन हम किसी भी क़ीमत पर गाँधी को पाकिस्तान नहीं आने देंगे।

शौकत अली : जान की बाज़ी लगा देंगे...

जमील अहमद : पाकिस्तान ज़िन्दाबाद...

दृश्य : दस

मंच पर अँधेरा है
(रेडियो कमेंट्री)
समय : दिन
पात्र
जिन्ना
गाँधी
गामा पहलवान
प्यारेलाल
दो रिपोर्टर

(यह लाहौर है...मैं मुस्तफ़ा अली हमदानी आपसे मुख़ातिब हूँ...हिन्द–पाक सरहद वाघा पर महात्मा गाँधी का इस्तकबाल करने क़ायदे आज़म मोहम्मद अली जिन्ना आने वाले हैं...सरहद के उस तरफ़ महात्मा गाँधी के साथ जहाँ तक नज़र जाती है इन्सानी सैलाब नज़र आ रहा है। सरहद के इस तरफ़ लाहौर और आसपास के दीगर इलाक़ों से आये हुए लोग बड़ी तादाद में महात्मा गाँधी के पाकिस्तान में दाख़िल होने का मंज़र देखने के मुन्तज़िर हैं...उधर दूर तक

हिन्दुस्तानी तिरंगे झण्डे लहराते हुए दिखाई दे रहे हैं और इधर हरे झण्डे लहरा रहे हैं...सरहद पर फ़ौजियों ने एक रास्ता बना रखा है जहाँ क़ायदे आज़म महात्मा गाँधी से मिलने जायेंगे। इस रास्ते के दोनों तरफ़ फ़ौजी मुस्तैद हैं...लाहौर की तरफ़ से आने वालों की तादाद बराबर बढ़ रही है एक अंदाज़े के मुताबिक़ यह तादाद दस हज़ार से ज़्यादा हो गयी है...बर्रे–सग़ीर की दो तारीख़साज़ शख़्सियतों की ये मुलाक़ात सरीखी होगी...दूर से आता क़ायदे आज़म का कारवाँ दिखाई पड़ रहा है। कारों के फ़्लैग के बाद मोटरसाइकिल पर बैठे सिक्योरिटी स्टाफ़ के बीच में क़ायदे आज़म की काली कार धीरे–धीरे आगे बढ़ रही है। पीछे दूसरी कारें हैं। पहली कार में वज़ीर–ए–आज़म नवाब लियाक़त अली ख़ान हैं और पीछे की कारों मे काबीना के वज़ीर सवार हैं। क़ायदे आज़म की कार सड़क पर आकर रुक जाती है। दूसरी तरफ़ से महात्मा गाँधी आगे बढ़ते हैं उन्होंने क़ायदे आज़म को गले लगाने के लिए अपने दोनों हाथ उठा लिये हैं...क़ायदे आज़म कार से उतर रहे हैं...चारों तरफ़ क़ायदे आज़म ज़िन्दाबाद...पाकिस्तान ज़िन्दाबाद...महात्मा गाँधी ज़िन्दाबाद...हिन्दुस्तान ज़िन्दाबाद के नारे गूँज रहे हैं...धीरे–धीरे दो अज़ीम शख़्सियतें हैं एक–दूसरे के क़रीब आ रही हैं...और फिर दोनों ने एक–दूसरे को गले से लगा लिया... गाँधी और जिन्ना की मुलाक़ात सीमा पर होती है।

गार्ड ऑफ़ ऑनर दिया जाता है। इंटरनेशनल प्रेस के लोग तस्वीरें लेते हैं। बहुत भीड़ हो जाती है। गाँधी जिन्ना को देखकर हाथ जोड़ते हैं।)

जिन्ना : Mr. Gandhi, you are Welcome to Pakistan which you have always opposed to become...

गाँधी : हाँ, जिन्ना मैं कभी नहीं चाहता था कि पाकिस्तान बने...मैंने तो यह बयान भी दिया था कि पाकिस्तान मेरी लाश पर ही बन सकता है...मैंने हमेशा बँटवारे का विरोध किया है और साझे का, एक साथ रहने का समर्थन किया है...लेकिन बँटवारा हो जाने के बाद मैं यही कोशिश करता हूँ कि उसका नतीजा ख़राब न निकले...लेकिन तुम देख रहे हो दोनों मुल्कों में क्या हो रहा है...

जिन्ना : नफ़रत के सैलाब को किसी सरकार के रोक पाना बहुत मुश्किल है...पाकिस्तान जैसे नये मुल्क के लिए तो यह और भी मुश्किल है...

गाँधी : नफ़रत का सैलाब सरकारें नहीं रोक सकतीं... इसे रोकने का काम तो हमारा और तुम्हारा है... मैं नहीं चाहता था कि पाकिस्तान बने...लेकिन जब बन गया तब मुझे अपनी ज़िम्मेदारी निभानी पड़ेगी...और मैंने यह कोशिश भी की है हिन्दुस्तान में भी की है और यहाँ भी करूँगा...

जिन्ना : मैं जानता हूँ...आपने भारत सरकार से न कहा होता तो पचपन करोड़ हमें आज तक न मिले होते और उसका नतीजा कितना भयानक होता, यह मैं बता नहीं सकता...

गाँधी : वायदे से मुकर जाना पाप है...पार्टिशन के एग्रीमेंट में यह साफ़ लिखा है कि ब्रिटिश इंडिया के ख़ज़ाने से पाकिस्तान का हिस्सा 75 करोड़ बनता है...जिसमें से 20 करोड़ दे दिया गया था...55 करोड़ बचता था...उसे न देने का सवाल ही नहीं था...

जिन्ना : Mr. Gandhi, I may have thousand differences with you… but you have very qualities...मैं आपको मैं अपने साथ कराची ले चलूँगा...

गाँधी : नहीं जिन्ना, मैं तुम्हारे साथ कराची नहीं जाऊँगा क्योंकि मुझे कई दूसरे शहरों में जाना है...उसके बाद कराची आऊँगा...

जिन्ना : आप जिस शहर में भी जायेंगे पाकिस्तानी सरकार के मेहमान होंगे...लाहौर में आप सरकारी गेस्ट हाउस में ठहरेंगे...

गाँधी : मुझे पाकिस्तान में आने दिया गया इसके लिए मैं तुम्हारा शुक्रगुज़ार हूँ...लेकिन मैं सरकारी मेहमान नहीं बनना चाहता...मैं पूरे शहर का मेहमान बनूँगा...लाहौर में तो मैं भंगी कॉलोनी में ठहरूँगा...

जिन्ना : एक बात और बता देना चाहता हूँ। पाकिस्तान में आपके आने की मुख़ालफ़त भी हो रही है कुछ लोग आपको मुसलमानों का दुश्मन मानते हैं...

गाँधी : *(हँसकर)* और कुछ लोग मुझे हिन्दुओं का दुश्मन मानते हैं...यह मानते हैं कि मैंने मुसलमानों को

ख़ुश करने के लिए हिन्दुओं का हक़ मारा है...

(जिन्ना और गाँधी साथ–साथ चलते हुए पाकिस्तान के अन्दर आ जाते हैं। लोग तालियाँ बजाते हैं। ज़िन्दाबाद के नारे लगाते हैं। जिन्ना गाँधी से हाथ मिला कर चले जाते हैं। प्रेस वाले आकर गाँधी को घेर लेते हैं।)

रिपोर्टर 1 : महात्मा जी, आप बिना परमिट के पाकिस्तान में आ गये, क्या आप पाकिस्तान को एक स्वतन्त्र देश नहीं मानते?

गाँधी : अयं निजः परो वेति गणना लघुचेतसाम्।
उदारचरितानां तु वसुधैव कुटुम्बकम्।।
यह अपना है, यह अपना नहीं है। इस तरह छोटी बुद्धि के लोग सोचते हैं। उदार हृदय वाले लोगों का तो सम्पूर्ण धरती ही परिवार है।...मैं अपने परिवार में ही आया हूँ।

रिपोर्टर 2 : क्या पाकिस्तान में भी आप अपनी माँगों के लिए अनशन करेंगे?

गाँधी : मुझे विश्वास है कि यहाँ लोग मेरी भावनाओं को समझेंगे और अपने कर्तव्य को पहचानेंगे। जो उचित है, जो अच्छा है, वह अपने आप करेंगे। किसी का मकान, किसी की दुकान, किसी की ज़मीन और किसी का पूजा–स्थल छीन लेना कोई धर्म नहीं सिखाता। इस्लाम धर्म तो बिल्कुल नहीं सिखाता और जो मुसलमान है, वह इस्लाम धर्म को मानता है उस पर चलता है यह मेरा विश्वास है और यहाँ लोग इस पर खरे उतरेंगे...

(भीड़ को चीरता हुआ और पत्रकारों को हटाते हुए प्यारेलाल एक आदमी के साथ गाँधी जी के पास आते हैं यह एक छोटे क़द का तन्दुरुस्त आदमी है।)

प्यारेलाल : बापू ये गामा पहलवान हैं...आपने इनका नाम तो सुना होगा?

गाँधी : मैंने सुना ही नहीं है... इनके कारनामों से भी परिचित हूँ...

(गामा पहलवान हाथ जोड़ देता है।)

गामा पहलवान : सब ऊपर वाले की मेहरबानी है...

गाँधी : गामा, तुमने दुनिया में हिन्दुस्तान के नाम बहुत ऊँचा किया है...तुमने संसार को दिखा दिया है कि हम किसी से किसी मायने में कमज़ोर नहीं है...

गामा पहलवान : आप बड़े नेक काम से यहाँ आये हैं महात्मा जी मेरी भी दिली ख़्वाहिश है की हिन्दू–मुस्लिम की लड़ाई न हो...

गाँधी : हाँ गामा पहलवान...लड़ाई सिर्फ़ अखाड़े में शोभा देती है...गलियों में या सड़कों पर नहीं...

गामा पहलवान : महात्मा जी आप के नेक काम में मैं आपके साथ हूँ...मुझे आप जो हुक्म देंगे...करूँगा...

गाँधी : इसी विश्वास पर मैं पाकिस्तान आया हूँ...

दृश्य : ग्यारह

समय : रात

पात्र

छह पात्र

(मंच पर बहुत कम प्रकाश है दो चारपाइयाँ और उनके बीच में एक हुक़्क़ा रखा दिखायी देता है। दो आदमी मंच पर आते हैं। उनके चेहरे दिखायी नहीं दे रहे हैं। उनके आने की आवाज़ सुनायी देती है। वे आकर आमने–सामने बैठ जाते हैं।)

आवाज़ 1 : तू गया था कम्पनी बाग?

आवाज़ 2 : हाँ जी, गया था...बहुत लोग थे...

आवाज़ 1 : साले कुत्ते...

आवाज़ 2 : उस्ताद जी...इसको जी रोको...ना...किसी तरह रोको...

आवाज़ 1 : रोकना ही पैगा...और दूसरा रस्ता नयी है...एक काम कर तू...माल ठिकाने लगा दे...

आवाज़ 2 : उस्ताद जी, माल लेने वाले भी तो उधर चले गये...

आवाज़ 1 : ओए, बेचना नयी है...अपने पिण्ड पहुँचा दें... फिर देखेंगे...

(तीसरा आदमी आता है। उसकी शक्ल भी नहीं दिखायी दे रही है।)

आवाज़ 3 : अस सलाम आलैकुम...

आवाज़ 1 : सलाम जी...सलाम...

आवाज़ 3 : लाहौर विच की हो रिया है...तुम सब चुपचाप तमाशा देख रहे हो...जिन काफ़िरों को भगाया था वो फिर आ रहे हैं...

आवाज़ 1 : देखो जी, ये बात हमसे न करो...मुल्क के सियासी लोगों से करो...जिन्होंने उसे पाकिस्तान आने की इजाज़त दी है...

आवाज़ 2 : अरे, सियासी लोग तो उसे सिर माथे पर बिठा रहे हैं...

आवाज़ 3 : क़ायदे...बेक़ायदा हो गया है...उसे रास्ते पर लाना पड़ेगा...

(मंच पर दो आदमी आते हैं।)

आवाज़ 4 : किसे रास्ते पर लाओगे?

आवाज़ 3 : क़ायदे आज़म को...

आवाज़ 4 : हम भी सुनें कैसे लाओगे...

आवाज़ 5 : क़ायदे से पहले महात्मा से निपटो...वो बड़ी मुसीबत है...वो इस्लामी मुल्क की ऐसी–तैसी कर देगा...

आवाज़ 1 : सबकी ऐसी–तैसी कर देगा...वो उधर से उन हिन्दुओं को बुला रहा है जिनको हमने बड़ी मेहनत से भगाया था...वो आ जायेंगे अपने हवेलियों, कोठियों, बँगलों और ज़मीनों पर क़ब्ज़ा कर लेंगे...हो जायेगी पाकिस्तान की ऐसी–तैसी...

आवाज़ 2 : अपनी ऐसी–तैसी करो...दो कोठियों पर क़ब्ज़ा किये बैठे हो...

आवाज़ 1 : हमाम में सभी नंगे हैं...मेरी बात क्या करते हो?

आवाज़ 3 : एक दूसरे पर छींटाकशी न करो...सोचो ये कि गाँधी से कैसा निपटा जाये...

(एक और आदमी आता है, वह कुछ बूढ़ा है। झुककर चल रहा है। दाढ़ी रखी है।)

आवाज़ 6 : सलामअलैकुम...

सभी : वालेकुमसलाम...

आवाज़ 6 : किस नतीजे पर पहुँचे आप लोग...

आवाज़ 1 : नतीजा...किस नतीजे पर पहुँचेंगे, कुछ समझ में ही नहीं आ रहा...

आवाज़ 6 : इसमें समझने की क्या बात है...वह कुफ़्र बकता है...अल्लाह को ईश्वर से मिला रहा है...यह इस्लामी फ़िक़्ह में जुर्मे–अव्वल है...ऐसे आदमी को पाकिस्तान आने और यहाँ रहने का कोई हक़ नहीं है...

आवाज़ 1 : ये तो हम सब जानते हैं पर करें क्या?

आवाज़ 6 : उसके ख़िलाफ़ फ़तवा लिया जा सकता...

आवाज़ 4 : फ़तवा...कौन देगा फ़तवा...

आवाज़ 6 : वो तुम मेरे ऊपर छोड़ दो...और फिर ऐसे आदमी का क़त्ल कर देना तो मज़हब और क़ौम की ख़िदमत मानी जायेगी...जो उसे जहन्नुम पहुंचायेगा वो जन्नत जायेगा।

आवाज़ 1 : अभी इतनी ऊँची उड़ान न उड़ो।

आवाज़ 2 : फिर?

आवाज़ 3 : कुछ ऐसा कर दो कि भाग खड़ा हो...

आवाज़ 4 : क्या हो सकता है?

आवाज़ 1 : हिन्दू–मुस्लिम भाईचारा क़ायम करने आया है न?

आवाज़ 5 : हाँ...

आवाज़ 1 : इधर कान लाओ...

(सबके ठहाके लगाने की आवाज़)

दृश्य : बारह

समय : दिन

पात्र

गाँधी

अल्लामा मशरिक़ी

गामा पहलवान

प्यारेलाल

महना

करतार

और अन्य

(मीटिंग की तैयारी हो रही है। गाँधी जी एक चौकी पर बैठे हैं। सामने काफ़ी लोग मौजूद हैं। प्यारेलाल मंच पर आते हैं।)

प्यारेलाल : बापू आपसे मिलने अल्लामा मशरिक़ी आ रहे हैं...

गाँधी : ख़ाकसार वाले अल्लामा?

प्यारेलाल : जी वही...

गाँधी : ज़रूर...आयें...दिल्ली में भी मुझसे मिले थे... *(प्यारेलाल चले जाते हैं।)*

गाँधी : *(गामा पहलवान से)* बहुत लायक़ और नेकदिल इन्सान हैं अल्लामा मशरिक़ी...हम दोनों के बीच कई अन्तर हैं...सबसे बड़ा फ़र्क़ तो यही है कि अहिंसा को मैं जो महत्त्व देता हूँ...

उससे अल्लामा सहमत नहीं हैं...और हमारे बीच सबसे बड़ी समानता यह है कि हम दोनों का हिन्दू–मुस्लिम भाईचारे पर पक्का विश्वास है...

गामा पहलवान : यहाँ फ़साद रोकने में अल्लामा के ख़ाकसारों ने बड़ा काम किया है...

हिन्दुओं पर एक हमले को रोकने के सिलसिले में तो एक ख़ाकसार की जान भी गयी थी...

गाँधी : वे सब ईश्वर और अल्लाह के प्यारे हैं जो दूसरों के लिए अपना जीवन बलिदान करते हैं।

(अल्लामा मशरिक़ी आते हैं।)

अल्लामा : *(झुककर गाँधी को सलाम करते हैं।)* आदाब अर्ज़ है गाँधी जी...

गाँधी : आदाब...आइये अल्लामा...आप जैसे इस्लाम धर्म के विद्धान के आने से मेरा काम आसान हो गया है...

अल्लामा : और आपके आने से मेरा काम आसान हो गया है...जानवरों की तरह एक दूसरे के ख़ून के प्यासे मुसलमानों और हिन्दुओं को समझाने का काम आपसे बेहतर कौन कर सकता है...

गाँधी : कोशिश करना हमारा काम है...बाक़ी काम ऊपर वाले का है...

अल्लामा : पाकिस्तान बन जाने के बाद भी हमारी तंज़ीम में दस हज़ार ख़ाकसार हैं जो आपके साथ इस नेक काम में लग सकते हैं।

गाँधी : मैं आप जैसे लोगों पर पक्का यक़ीन करके ही पाकिस्तान आया हूँ...

प्यारेलाल : मीटिंग शुरू कीजिए बापू...लोग इन्तज़ार कर रहे हैं...

(एक आदमी गाँधी के सामने रेहल पर कुरान शरीफ़ रख देता है। गाँधी उसे उठाकर चूमते हैं और आँखों से लगाते हैं।)

गाँधी : बिस्मिल्लाहिर्रहमानिर्रहीम...

(कुरान शरीफ़ खोलकर पहले अरबी में पढ़ते हैं फिर अनुवाद बताते हैं।)

वत्ता कुल्लाह व यू अल्लमे कुमललाहु वल्लाहु वकुल्ले शैइन अलीम अल बकरा। अल्लाह से डरो...अल्लाह तुम्हें शिक्षा दे रहा है और वह हर चीज़ का ज्ञान रखने वाला है...

या अय्यूहल लजीना आमनू कूनू कव्वामीना लिल्लाही शोहदाऊ बिल किश्ते वला यजरी मन्ना कुम शनानु कौमिन अला अल्लाह ताअदिलु एदिलो हुआ अक्राबिलत तकवा वंतु कल्लाह इन्नल लाहा खबिरम बिमा तआमलून...

ए ईमान वालों, अल्लाह के लिए न्याय पर मज़बूती के साथ क़ायम रहने वाले बनो। इन्साफ़ की गवाही देते हुए और ऐसा हरगिज़ न हो कि किसी गिरोह की दुश्मनी तुम्हें उस गिरोह पर उभार दे कि तुम न्याय करना छोड़ दो, न्याय करो यही धर्मपरायणता के अनुकूल बात है...

दुनिया कहती है कि पाकिस्तान में मुसलमानों ने हिन्दू और सिखों को लूटा उनके मन्दिर और गुरुद्वारे नष्ट कर दिये। सैकड़ों को मार डाला।

हिन्दुस्तान में हिन्दुओं और सिखों ने मुसलमानों को लूटा, मस्जिदें तोड़ीं। सैकड़ों को मार डाला।...आप सब मुसलमान हैं मैं पूछता हूँ क्या आप लोगों ने ऐसा किया?

आवाज़ आती है : नहीं, हमने नहीं किया...

गाँधी : मैं नहीं समझता कि इस्लाम धर्म को मानने वाले किसी की लड़कियों को अगवा कर सकते हैं अपने घर में क़ैद कर सकते हैं...लेकिन ऐसा हुआ है जिन्होंने किया है उन्होंने सभी मुसलमानों को दागदार किया है बदनाम किया है क्यों महना यह हुआ है न?

महना : हम जी, गुजराँवाला के नौशेरा से चले थे... सरगोधा में नसीरपुर क्लान के पास...
(खड़ा होकर हाथ जोड़ता है। उसकी आँखों में आँसू हैं और वह काँपती हुई आवाज़ में कहता है।) हमारी लड़की हमें लौटा दो...लौटा दो हमारी...लड़की हमें लौटा दो...
(फूट–फूटकर रोने लगता है।)

अल्लामा : तुम्हारी लड़की जहाँ भी होगी...उसका पता लगा कर तुम्हारे हवाले कर दी जायेगी। मेरे ख़ाकसार तुम्हारे साथ जायेंगे...
(भीड़ से एक जवान आदमी खड़ा होता है जो बहुत इमोशनल हो गया है।)

जवान आदमी : बाबा, मैं तुम्हारे साथ चलूँगा...
(दो और जवान लड़के खड़े हो जाते हैं उनमें से एक कहता है।)

नौजवान 2 : हम भी तुम्हारे साथ चलेंगे बाबा...

नौजवान 3 : *(बहुत जोश में)* रब की सौ, तुम्हारी लड़की तुम्हें मिलेगी...

गामा पहलवान : *(खड़े होकर)* जवानों, मैं भी तुम्हारे साथ चलूँगा... *(लोग तालियाँ बजाते हैं। महना बैठ जाता है। करतार खड़ा होता है।)*

करतार : अरे, मेरी बात सुनो लायलपुर के भगवानपुर से अब्दुल, करीम, शफ़ी से मिलना बहुत ज़रूरी है...उनसे न मिला तो समझो मेरा जीवन बर्बाद चला जायेगा...वो लोग मेरी राह देखते रहेंगे... असी कह कर आया था कि वापस आऊँगा...नहीं गया तो समझेंगे करतार झूठ बोलता था।

अल्लामा : *(गाँधी से)* इन सब लोगों की मदद ख़ाकसार करेंगे...जो आपके साथ आये हैं।

गाँधी : ईश्वर उनका भला करेगा...अल्लामा आपके आने से मुझे बहुत बल मिला है...

दृश्य : तेरह

समय : दिन

पात्र

गुरुचरण

हमीद

दो दुकानदार

दो बदमाश

दो शरीफ़ आदमी

पाँच–छह नौजवान लड़के

(लाहौर की एक सड़क पर गुरुचरण चले जा रहे हैं। उन्होंने सिखों वाली पगड़ी बाँध रखी है। उन्हें बाज़ार में सब आश्चर्य से देख रहे हैं।)

एक दुकानदार : अरे, यह तो मास्टर गुरुचरण हैं...यहाँ कैसे आ गये।

युवा बदमाश 1 : ये तो सब साले चले गये थे...यहाँ से...

बदमाश 2 : यह सब साले गाँधी के साथ आ गये हैं... अपने–अपने मकानों पर क़ब्ज़ा लेने के लिए...

दूसरा आदमी : यह मास्टर भी जा रहा होगा अपने मकान पर क़ब्ज़ा लेने...और देखना इसके पीछे–पीछे पुलिस आ रही होगी...

आदमी 3 : और इसके मकान में जो शरणार्थी रह रहा होगा वह कहाँ जायेगा? गाँधी उसे रहने को मकान देगा?

बदमाश 1 : पकड़ो साले को...

(दो–तीन आदमी आकर मास्टर गुरुचरण को पकड़ लेते हैं।)

एक बदमाश 2 : तू कैसे आ गया मास्टर...

गुरुचरण : गाँधी बाबा के साथ आया हूँ...

बदमाश 1 : तू आया कायको? तुझे नहीं मालूम यार पाकिस्तान बन गया है। इधर कोई हिन्दू, सिख नहीं रह सकता।

गुरुचरण : मैं इधर रहने नहीं आया हूँ...

बदमाश 2 : तो फिर क्या अपनी जान देने आया है...

बदमाश 1 : तुझे याद नहीं कितनों को इधर ठिकाने लगा चुके हैं...

(गुरुचरण के पीछे से कोई उसकी पगड़ी उछाल देता है। सब हँसते हैं। दो–तीन लड़के गुरुचरण को पकड़ लेते हैं।)

गुरुचरण : मुझे रोको मत, घर जाने दो...

(एक लड़का कैंची ले आता है और सब गुण्डे चिल्लाते हैं।)

बदमाश 2 : दाढ़ी और बाल काटो, दाढ़ी और बाल काटो...

एक बुजुर्ग आदमी : हटो...हटो यह क्या कर रहे हो...मास्टर गुरुचरण ने मेरे बेटों को उर्दू और हिसाब पढ़ाया है... उस्ताद है यह इसे क्यों ज़लील कर रहे हो, इसने तुम्हारा क्या बिगाड़ा है?

(कुछ लोग गुरुचरण की दाढ़ी और बाल काटना चाहते हैं। कुछ बचाना चाहते हैं, कुछ रोक रहे हैं...काफ़ी छीना–झपटी और शोर मच जाता है।)

गुरुचरण : *(चिल्लाता है)* मेरी बात तो सुनो...मेरी बात तो सुनो...मेरी बात तो सुनो...

आदमी 2 : सुनो, कह क्या रहा है।

(सभी रुक जाते हैं।)

गुरुचरण : मुझे अपने घर जाने दो...बहुत ज़रूरी काम है।

आदमी 1 : ख़ाली घर पर क़ब्ज़ा करने आया है।

गुरुचरण : मैंने कहा तो कि मैं न तो घर पर क़ब्ज़ा करने आया हूँ, न ही घर ख़ाली कराने आया हूँ...न यहाँ रहने आया हूँ।

(गुरुचरण के साथ–साथ ये लोग उसके घर पहुँचते हैं। गुरुचरण घर की ज़ंजीर बजा देता है। अन्दर से एक आदमी (हमीद) निकलता है। वह गुरुचरण को देखकर हैरत में पड़ जाता है।)

गुरुचरण : मेरा नाम गुरुचरण है...मैं इसी मकान में रहता था...यह मेरा मकान है।

हमीद : *(गुस्से में)* मैं कहीं नहीं जाऊँगा...कहीं नहीं और मकान तो बिल्कुल ख़ाली नहीं करूँगा...चाहे मेरी जान ही क्यों न चली जाये।

बदमाश 1 : तुम्हारी जान क्यों जायेगी। भाई हमीद...जान तो यह देने आया है।

(दो गुण्डे अपने चाकू निकाल लेते हैं और गुरुचरण की तरफ़ बढ़ते हैं।)

गुरुचरण : मुझे मारकर ही तुम्हारी आत्मा को शान्ति मिलेगी, तो मार देना। बस मुझे इनसे जो मेरे मकान

में रह रहे हैं, एक बात कहनी है, वह कह लेने दो...

हमीद : क्या कहना है?

गुरुचरण : रसोई के बराबर वाला कमरा...छोटा कमरा...

हमीद : *(बात काटकर)* हाँ–हाँ हमारा है...और मैं तुम्हें उसमें जाने भी नहीं दूँगा...ज़रूर तुम वहाँ कुछ गाड़कर गये हो और वह लेने आये हो।

गुरुचरण : नहीं...कुछ गाड़कर नहीं गया था...न कुछ लेने आया हूँ...मैं तो सिर्फ़ तुम्हें यह बताने आया हूँ कि उस कमरे की छत बहुत कमज़ोर है...जब मैं वह छत डलवा रहा था तो मेरे पास पैसे कम पड़ गये थे...इसलिए उस छत का काम पूरा नहीं हो पाया था...वह किसी भी वक़्त गिर सकती है...मैं तो तुम्हें सिर्फ़ ये बताने आया था कि बाल–बच्चों से कहो उस कमरे में न लेटा–बैठा करें... मेरे ख़ानदान का कोई आदमी उस कमरे में नहीं जाता था...मुझे मालूम था कि तुम लोग ये नहीं जानते होगे...मुझे डर था कि किसी दिन वह छत गिर न जाये और कोई उसके नीचे दब न जाये...बस यही बताने के लिए मैं लाहौर आया था...बस यही बताने के लिए...

(सब लोग उसे आश्चर्य से देखते हैं।)

दृश्य : चौदह

समय : दिन

पात्र

अख़बार बेचने वाला
पाँच आदमी
तथा बाज़ार की भीड़भाड़

(लाहौर के बाज़ार अनारकली में एक अख़बार बेचने वाला लड़का चिल्लाता हुआ घूम रहा है।)

लड़का : आज की ताज़ा ख़बर...ताज़ा ख़बर...कृष्णा नगर में शिव मन्दिर तोड़ दिया...शिव मन्दिर तोड़ दिया...अख़बार में पढ़िए पूरी ख़बर...आज की ताज़ा ख़बर...तोड़ दिया शिव मन्दिर...

आदमी 1 : ऐ लड़के...ऐ लड़के इधर आ...ला अख़बार दे... *(अख़बार ले लेता है। चार–पाँच लोग और जमा हो जाते हैं। दुकान के पटरे पर बैठा हुआ एक आदमी कहता है।)*

आदमी 2 : बुलन्द आवाज़ में पढ़ो...हम भी सुनें आज की ताज़ा ख़बर...

आदमी 1 : *(अख़बार पढ़ता है)* हमारे शहर के नामा–निगार ने ख़बर दी है कि कल रात कुछ बदमाशों ने कृष्णा नगर का शिव मन्दिर तोड़ दिया।

मन्दिर के चारों तरफ़ और कृष्णा नगर की गलियों में एक पर्चा लोगों को मिला, जिसमें लिखा था कि गाँधी का लाहौर में स्वागत करने के लिए यह मन्दिर तोड़ा जा रहा है...गाँधी ने अगर पाकिस्तान न छोड़ा तो इसी तरह दूसरे मन्दिर भी टूटते रहेंगे...

आदमी 2 : इतनी लूटमार करने के बाद भी इन्हें चैन नहीं आ रहा...

आदमी 3 : अरे, ये तो सरासर ज़्यादती है...इससे तो बदअमनी और फैलेगी...

आदमी 4 : किसी भी मज़हब की ईबादत गाह को तोड़ना ग़लत है।

आदमी 1 : क़ायदे आज़म तो कहते हैं, पाकिस्तान में क़ोई भी रह सकता है...सबकी हिफ़ाज़त की जायेगी...

आदमी 3 : अरे, जब मन्दिर की हिफ़ाज़त नहीं हो पायेगी तो आदमियों की क्या हिफ़ाज़त होगी...

आदमी 4 : गाँधी क्या बूरा कर रहा है...यही तो कह रहा है कि हिन्दू–मुसलमान मिलकर रहें...कौन–सी ग़ैर–इस्लामी बात है...

आदमी 2 : लूटमार करने वाले गाँधी से डर गये।

आदमी 3 : देखा नहीं उसकी मीटिंग में कितनी भीड़ थी...

आदमी 1 : इन लोगों ने गाँधी जी को चैलेंज किया है...

आदमी 2 : अरे, जो ब्रिटिश गर्वनमेंट के सामने न झुका, वह इन आदमियों के बीच में झुकेगा?

दृश्य : पन्द्रह

समय : दिन

पात्र

चार पत्रकार

गाँधी

अल्लामा मशरिक़ी

गामा पहलवान

(गाँधी जी और उनके शिष्य एक टूटे हुए मन्दिर के सामने सत्याग्रह कर रहे हैं। गाँधी जी आमरण अनशन पर बैठे हैं। इंटरनेशनल मीडिया, पाकिस्तान और हिन्दुस्तान का प्रेस वहाँ मौजूद हैं। अल्लामा मशरिकी और गामा पहलवान भी हैं। गाँधी पत्रकारों के सवालों का जवाब दे रहे हैं।)

पत्रकार 1 : मिस्टर गाँधी, इस टूटे हुए मन्दिर के सामने आप Fast Till death क्यों कर रहे हैं?

गाँधी : मेरा लाहौर आना कुछ लोगों को अच्छा नहीं लगा...उन्होंने मुझे सबक़ सिखाने के लिए इस मन्दिर को गिरा दिया और पर्चा छपवाया कि जब तक मैं पाकिस्तान नहीं छोड़ूँगा।

तब तक वो रोज़ एक मन्दिर गिराते रहेंगे...

पत्रकार 2 : तो आपकी क्या माँग है मिस्टर गाँधी?

गाँधी : मेरी माँग है कि इस मन्दिर को वही लोग बनाएँ, जिन्होंने इसे गिराया है...

अल्लामा मशरिक़ी–मोहल्ले वाले इस मन्दिर को बना देने के लिए तैयार हैं लेकिन गाँधी जी चाहते हैं कि मन्दिर गिराने वाले ही मन्दिर बनायें...

पत्रकार : ये कैसे पता चलेगा कि मन्दिर किसने गिराया है?

गाँधी : ये तो वहीं बतायेंगे जिन्होंने गिराया है...

पत्रकार 4 : मिस्टर गाँधी, चोर कैसे कहेगा कि उसने चोरी की है?

गाँधी : मैं जीवनभर यही करता रहा हूँ...मुझे लगता है मेरे आमरण अनशन का असर उनकी अन्तरात्मा पर पड़ेगा...और वे मेरे सामने अपनी ग़लती स्वीकार करेंगे...

पत्रकार 1 : आपके आमरण अनशन का आज चौथा दिन है...अगर कहीं कुछ हो गया तो ?

गाँधी : अगर ईश्वर की यही इच्छा है कि मैं कृष्णा नगर में आमरण अनशन करते हुए प्राण त्याग दूँ तो यही होगा...मुझे उसका कोई दुःख नहीं होगा...

अल्लामा मशरिक़ी : नहीं, ऐसा नहीं होगा...पूरे मोहल्ले में खलबली मची है...जल्दी ही उन लोगों को पता लग जायेगा...जिन्होंने मन्दिर गिराया है...

पत्रकार 2 : क्या लाहौर की पुलिस और प्रशासन इस काम में आपकी मदद कर रहे हैं?

गाँधी : मैंने उनसे कोई मदद नहीं माँगी...अगर वे समझते हैं कि यह उनका भी काम है तो उन्हें खुद आगे आना चाहिए...

पत्रकार 1 : पाकिस्तान की सरकार की तरफ़ से आपको कोई आश्वासन मिला है?

गाँधी : मैं सरकारों से ज़्यादा लोगों पर विश्वास करता हूँ...लाहौर के लोग मेरे साथ हैं...

पत्रकार 2 : मिस्टर गाँधी, अगर आपको पाकिस्तान में कुछ हो जाता है तो ये पाकिस्तान की सरकार के लिए बड़ा embarassment होगा...

गाँधी : इस बारे में मैं क्या कह सकता हूँ...

पत्रकार 3 : अपराधियों की अन्तरात्मा जगाना बहुत मुश्किल है मिस्टर गाँधी...

गाँधी : सबकी अन्तरात्मा जागेगी...तो उनकी अन्तरात्मा बेचैन हो जायेगी...मेरा यही अनुभव है...

अल्लामा मशरिक़ी : गाँधी को समर्थन देने रोज़ सैकड़ों लोग आ रहे हैं...मोहल्लों में पीस कमेटियाँ बन गयी हैं... हिन्दुओं और सिखों की फ़ैमिलियों को 'सेफ़' जगह पहुँचाया जा रहा है... मन्दिरों और गुरुद्वारों की हिफ़ाज़त का काम मोहल्ला कमेटियाँ कर रही हैं...ये सब क्या है? पहले क्यों नहीं हुआ? ये गाँधी जी की अन्तरात्मा की आवाज़ है...जो हम सुन रहे हैं।

दृश्य : सोलह

समय : दिन
पात्र
करतार
अब्दुल
और अन्य

(मंच पर गाँव का सेट लगा है। सुबह के वक़्त गाँव में सुनायी देने वाली आवाज़ें आ रही है। मंच पर करतार आता है।)

एक आवाज़ सुनाई पड़ती है—करतार आ गया रे...

करतार दो क़दम आगे बढ़ता है तो कुछ दूर से आती दूसरी आवाज़ सुनाई पड़ती है—करतार आ गया रे...

करतार दो क़दम और आगे बढ़ता है तो कुछ और दूर से आती तीसरी आवाज़ सुनाई पड़ती है—करतार आ गया रे...

(तीन गाँव वाले आ जाते हैं।)

ग्रामीण 1 : सत श्री अकाल करतार...तू आ गया... हम तो रोज़ ही तेरी बात करते थे...
रोज़ ख़ैर मनाते थे रब तुझे अपनी हिफाजत में रखें...

ग्रामीण 2 : तू ठीक तो रहा चाचा...बाल–बच्चे तो तेरे पीछे आ रहे होंगे...

ग्रामीण 3 : तूने अच्छा किया था...करतार जो चला गया था...तेरे पीछे इलाके में बड़ी मारकाट मची थी।

ग्रामीण 2 : जाने कहाँ के दरिन्दे आ गये थे...आदमियों–औरतों को गाजर–मूली की तरह काट देते थे... ऐसे–ऐसे गन्दे काम सड़कों पर करते थे जो न कभी देखे थे, न सुने थे...

ग्रामीण 3 : तेरे घर में भी आग लगाने आ गये थे...पर पूरे गाँव के लोग तेरे घर को घेरकर खड़े हो गये थे...अब्दुल तेरे दरवाज़े पर खड़ा था...उसे ही तू अपना घर सौंप गया था न...अब्दुल ने दंगाइयों से कहा था...देखो घर तो सिख का है लेकिन मुसलमान की हिफ़ाज़त में है...घर को हाथ लगाओगे तो दो जानें ज़रूर जायेंगी...एक मेरी और एक उस बन्दे की जो घर को हाथ लगायेगा...

ग्रामीण 1 : करतार, जाने कहाँ से वो लोग आये थे...हमने तो उन्हें कभी इधर देखा भी नहीं था...
पर वे तेरा बाल–बाँका नहीं कर सके...अब्दुल आ रहा है...वह तुझे पूरा घर दिखा देगा...
एक–एक चीज़ गिनवा देगा...एक–एक जानवर पहचानवा देगा...तेरी घोड़ी और तेरा सग्गड़ सब जैसे छोड़ गया था...वैसे ही हैं...
(छोटे–बड़े कुछ लड़के आकर करतार को घेर लेते हैं।)

लड़का 1 : तू आ गया बाबा तेरे सग्गड़ पर बैसाखी का मेला देखने जायेंगे...

लड़का 2 : बाबा, तुझे याद है तूने कहा था मेरे लिए बहुत बढ़िया गुल्ली–डण्डा बना देगा...

लड़का 3 : बाबा, बलराम भी आयेगा...मेरी पतंग है उसके पास...

लड़का 4 : बाबा, अब तो तुम सब इधर ही रहोगे ना...

ग्रामीण 2 : *(लड़कों से)* चलो, भागो यहाँ से परेशान कर रहे हो...उसको अभी–अभी आया है। जा साजिद, अम्मा से कह दे...लस्सी–रोटी लेकर आ जाये... *(लड़के चले जाते हैं।)*

ग्रामीण 1 : तू खेतों में गंदुम लगी छोड़ गया था न...तो बता देते हैं पैदावार अच्छी हुई थी। कितनी निकली गंदुम थी? यह तो अब्दुल बताएगा...उसके पास तेरा पूरा हिसाब है... कपास की 52 गाँठें थीं...

ग्रामीण 2 : हाँ, तेरे भैसों का दूध शमशाद ले जाता था, जैसा तूने कहा था, न फ़क़ीरबख हलवाई को जाता रहा...

(गाँव की गाँव के औरतों का एक ग्रुप आ जाता है।)

बूढ़ी औरत 1 : करतार बहू को लाया है न...कित्थे है...

जवान लड़की 1 : सरला आ रही है चाचा...मैंने उसके लिए बढ़िया फुलकारी की है...देखकर ख़ुश हो जावेगी।

औरत 1 : तेरी घरवाली का दमा कैसा है करतार...इलाज वास्ते उधर कोई अच्छा हकीम–वैद्य मिला?

आदमी 2 : तुम लोग सवाल ही करते रहोगी या लस्सी–वस्सी भी पिलाओगी...जाने कितनी दूर से आ रहा है...

बूढ़ी औरत 1 : लतीफ़ की कुड़ी ला रही है...इसकी घरवाली अभी नहीं आयी है तो क्या यह गाँव में भूखा मर जायेगा...

औरत 1 : अब तो जब सब आ जायेंगे...तब हम तेरे घर आयेंगे...

(एक लड़की आती है।)

लड़की 1 : सत श्री अकाल बाबा...

करतार : जित्ती रह...तेरा अब्बा अब कैसा है...

लड़की 1 : घुटने में लाल तेल की मालिश कर लेता है तो थोड़ा बहुत चल–फिर लेता है...पर रात में बहुत दर्द होता है...

(औरतें चली जाती हैं। दो लड़के सिर पर चारपाई उठाये जाते हैं और चारपाइयाँ बिछा देते हैं। सब चारपाई पर बैठ जाते हैं। एक लड़का हुक़्क़ा लाता है।)

बूढ़ा आदमी 1 : *(एक लड़के से)* अरे, अब्दुल किधर रह गया...

लड़का : अब्दुल चाचा खेतों पर था...आ रहा है...

(सब हुक़्क़ा पीने लगते हैं।)

बूढ़ा आदमी 1 : ले करतार, हुक़्क़ा पी...

(अब्दुल आता है और करतार के लिपट जाता है, दोनों एक–दूसरे को सीने से लगा लेते हैं।)

अब्दुल : मुझे पता था तू ज़रूर आयेगा...क्योंकि आज तक तेरी कोई बात ख़ाली नहीं गयी है...

सब कहते थे इतनी मारकाट हो रही है...इतना ख़ून–ख़राबा हो रहा है...ऐसे में करतार क्या आयेगा...पर मैं कहता था–नहीं, वह आयेगा...

आदमी 2 : अजी, करतार बात का पक्का है...यह हम सब जानते हैं...

अब्दुल : चल अपना घर चल के देख ले बर्तन–भाण्डे, चारपाई, मोड़े, चूल्हा, चक्की देख ले...तेरी सुई भी इधर से उधर नहीं हुई है...और मेरे पास तेरा पूरा हिसाब है गंदुम और कपास की बिक्री

से जो पैसा आया था, उसका पूरा हिसाब तुझे बताता हूँ...और तेरी तागड़ी और घोड़ी करीम के पास है...वह भी तेरी राह देखता रहा है...बाक़ी बाल–बच्चे कब आ रहे हैं।

(करतार ख़ामोश है।)

अब्दुल : तू कुछ बोल क्यों नहीं रहा करतार...इतना चुप तो तू कभी नहीं रहता था...

करतार : गल है अब्दुल...असी बेवतन हो गया...

अब्दुल : *(बिगड़कर)* कैसा बेवतन...तेरा यहाँ घर है...तेरे यहाँ खेत हैं...तेरे यहाँ जानवर हैं...ले पकड़ अपने घर की चाबी...

(करतार चाबी नहीं लेता।)

करतार : चाबी अपने पास रख अब्दुल...अब वह घर तेरा है...

अब्दुल : *(घबराकर, गुस्से में)* क्या बोल रहा है करतार... इतना बड़ा पाप लेने को कह रहा है...तेरा घर मेरा कैसे हो जायेगा...

करतार : जैसे मैं बेवतन हो गया...मेरा सग्गड़ और घोड़ी करीम को दे देना...मेरे खेतों का जो मन हो, वो करना...

अब्दुल : यह तुझे क्या हो गया है...यहाँ नहीं रहेगा

करतार : वतन दा दाना पानी उठ गया है...नसीब में यही लिखा था अब्दुल...

अब्दुल : तू यहाँ क्यों नहीं रह सकता...

करतार : मैं बेवतन कर दिया है...अब्दुल मैं तैनूँ यही बताने आया था कि तुम लोग किसी मुग़ालते में न हो...

दृश्य : सत्रह

समय : दिन

पात्र

अल्लामा मशरिक़ी

गामा पहलवान

चार आदमी

और अन्य

(कृष्णा नगर मोहल्ले में मीटिंग हो रही है। वहाँ गामा पहलवान अल्लामा मशरिक़ी और मोहल्ले के अन्य प्रतिष्ठित और सम्मानित लोग मौजूद हैं।)

आदमी 1 : आज गाँधी जी के Fast till death का पाँचवाँ दिन है...उनकी हालत लगातार बिगड़ रही है...

आदमी 2 : भाई, उनकी उम्र भी तो देखिए...76 साल के हैं...इस उम्र में इतनी हिम्मत...कमाल की बात है...

आदमी 3 : अगर ख़ुदा न ख़ास्ता उन्हें कुछ हो गया तो पूरी दुनिया यही कहेगी कि कृष्णा नगर के लोगों ने गाँधी की जान ले ली...

अल्लामा मशरिक़ी : इसमें कोई शक नहीं...ये इल्ज़ाम आप सब पर आयेगा...

आदमी 1 : इंटरनेशनल मीडिया...गाँधी के Fast को कवर कर रहा है...बी.बी.सी. लगातार ख़बर दे रहा है...सारी दुनिया में हंगामा मचा हुआ है...तो हम लोगों की बदनामी पूरी दुनिया में हो जायेगी...

अल्लामा मशरिक़ी : वो कौन लोग हैं जिन्होंने मन्दिर तोड़ा था...

आदमी 3 : देखिए, जानते हैं...लेकिन नाम लेने की हिम्मत किसी में नहीं है...

गामा पहलवान : मैंने अपने कुछ लोगों को इस काम पर लगा रखा है...जल्दी ही वो लोग आपके सामने होंगे जिन्होंने मन्दिर तोड़ा था...

आदमी 2 : कुछ बड़े लोगों की पुश्त–पनाही न होती तो ये काम नहीं हो सकता था... कुछ लोगों को बाक़ायदा पैसे देकर मन्दिर तोड़ने का काम कराया गया था...

अल्लामा मशरिक़ी : पैसे देकर...

गामा पहलवान : किसने दिये थे...

आदमी 2 : अब रहने दीजिए...

गामा पहलवान : मुझे यकीन है वो लोग पकड़ में आ जायेंगे... जिन्होंने मन्दिर तोड़ा था...

आदमी 3 : बहुत अच्छा है...लेकिन मसला तो उन लोगों का जो ये काम कराते हैं...

जो बड़े इज़्ज़तदार और मालदार लोग हैं...जो अपने आपको मज़हब का ठेकेदार बताते हैं...

अल्लामा मशरिक़ी : हाँ, उनसे पार पाना...मुश्किल हो सकता है...लेकिन हक़ और इन्साफ़ के सामने हर चाल नाकाम हो जाती है...

आदमी 4 : हम सबको गाँधी जी के पास जाकर दरख़्वास्त करना चाहिए कि Fast ख़त्म करें...

अल्लामा मशरिक़ी : गाँधी बहुत ज़िद्दी हैं जब तक वो लोग...जिन्होंने मन्दिर तोड़ा है...उनके सामने
आकर अपने जुर्म को कुबूल न कर लेंगे...और मन्दिर बनाने की ज़िम्मेदारी न लेंगे तब तक वो Fast ख़त्म नहीं करेंगे...

आदमी 2 : तब तो बड़ा मुश्किल है...

आदमी 3 : चाहे जो हो मसले का हल तो निकालना ही पड़ेगा...

गामा पहलवान : मुझे तो पूरी उम्मीद है कि जल्दी ही मेरे लड़के उन लोगों का पता लगा लेंगे...

अल्लामा मशरिक़ी : *(बात काटकर)* भाई, गामा साहब ये काम जल्दी करना है...जल्दी...आज ही गाँधी जी की जो मेडिकल रिपोर्ट आयी है बड़ी तशवीशनाक हैं...उनकी सेहत तेज़ी से गिर रही है...

गामा पहलवान : इंशाअल्लाह, कल ही ये काम हो जायेगा...

दृश्य : अठारह

समय : दिन

पात्र

जिन्ना

फ़ातिमा

गाँधी

मज़हर (ADC)

और अन्य

(जिन्ना अख़बार पढ़ रहे हैं। फ़ातिमा जिन्ना आती हैं। जिन्ना अख़बार रख देते हैं।)

जिन्ना : फ़ाती...तुम्हें याद है मिस्टर गाँधी हमारे यहाँ डिनर पर आ रहे हैं...

फ़ातिमा : हाँ...हाँ...अच्छी तरह याद है...यह कोई छोटी–मोटी बात तो नहीं है।

जिन्ना : हाँ, इसका मतलब पता नहीं क्या निकलेगा... लेकिन मेरे लिए बहुत साफ़ है...

फ़ातिमा : क्या?

जिन्ना : देखो फ़ाती...मुझमें और गाँधी में ऊपरी तौर पर नज़र आने वाली Similarties के अलावा कुछ बहुत गहरी और न दिखाई देने वाली Similarties भी हैं...

फ़ातिमा : जैसे...

जिन्ना : जैसे हम दोनों किसी भी क़ीमत पर 'हार', 'डिफ़ीट' को स्वीकार नहीं कर सकते...
गाँधी का पाकिस्तान विज़िट दरअसल गाँधी के इसी Attitute का नतीजा है...
(चौंककर) ओहो...जो मैं पूछना चाहता था वह तो भूल ही गया...
ये बताओ मिस्टर गाँधी के लिए क्या बना है...

फ़ातिमा : मूँग की दाल और चावल...

जिन्ना : और...

फ़ातिमा : लौकी और गाजर की सब्जी...

जिन्ना : स्वीट डिश...

फ़ातिमा : पेड़ा...हमारे को ADC यही बताया गया था...
(ADC आकर बताता है।)

मज़हर (ADC) : मिस्टर गाँधी आ गये...
(गाँधी मंच पर आते हैं। जिन्ना और फ़ातिमा जिन्ना खड़े हो जाते हैं।)

जिन्ना : Welcome Mr. Gandhi... आज के अख़बार आप की तारीफ़ों से भरे हुए हैं...
कृष्णा नगर मन्दिर को तोड़ने वालों ने न सिर्फ़ आप से माफ़ी माँगी है, बल्कि मन्दिर की मरम्मत करना शुरू कर दिया है...ये सब आप ही कर सकते हैं मिस्टर गाँधी...

गाँधी : मोहम्मद अली, मेरा ईश्वर पर अटूट विश्वास है...और ये भी पक्का विश्वास है कि सत्य और न्याय की विजय होती है...मेरा जीवन इसका गवाह है...

जिन्ना : लेकिन आपकी मखौलत भी बढ़ती चली जा रही है...

गाँधी : हाँ, तुम ठीक कह रहे हो...मुहम्मद अली...मुझे उसकी चिन्ता नहीं है...एक बात कहूँ...क्या हम गुजराती में बातचीत करें...

जिन्ना : अगर हमारी बातचीत शिष्टाचार तक सीमित हो तो ठीक है...उससे आगे की बातचीत के लिए...अंग्रेज़ी...जिसे मैं मानता हूँ आप पसन्द नहीं करते, का सहारा लेना पड़ेगा...

गाँधी : *(हँसकर)* हम दोनों एक–दूसरे के बारे में काफ़ी कुछ जानते हैं...तुम्हारा पैर अब कैसा है?

जिन्ना : ठीक हो गया...आपको काफ़ी पुरानी बात याद है...

गाँधी : मुझे तो उससे भी पुरानी बातें याद हैं...जब मैं सन् 1915 में साउथ अफ़्रीका से आया तो पहली बार मेरी पब्लिक मीटिंग में तुमने मेरा परिचय दिया था...याद है तुम्हें...हमारा रास्ता एक ही था...

जिन्ना : मैं तो यही चाहता था कि रास्ता एक ही रहे ...लेकिन हो नहीं सका...और अब उन बातों को कुरेदने से क्या फ़ायदा...

गाँधी : हाँ, ठीक कहते हो...

जिन्ना : मिस्टर गाँधी आप दिल्ली में जश्ने–आज़ादी में शामिल क्यों नहीं हुए...

गाँधी : ये वो आज़ादी नहीं है जो मैं चाहता था...

जिन्ना : आपने इनकार क्यों नहीं कर दिया था?

गाँधी : सब कुछ ज़ीरो हो जाता...लम्बी मेहनत और Struggle...बर्बाद हो जाता...

तुम ये कह सकते हो कि से एक ऐसा ज़हर था जो मुझे कई लोगों को ज़िन्दा रखने के लिए पीना पड़ा था...मैंने तो ये तक कह दिया था

कि पाकिस्तान मेरी लाश पर बनेगा...लेकिन पाकिस्तान बन गया और मैं ज़िन्दा हूँ...इसे तुम मेरी ट्रैजडी माने सकते हो...

जो चाहता था वो नहीं हुआ...और उसे मानना भी पड़ा...मोहम्मद अली, ये मेरी ही ट्रैजडी तुम्हारी भी है...

जिन्ना : मेरी भी?

गाँधी : हाँ, तुम्हारे Constitnent Assamble वाले भाषण को कितने मुस्लिम लीग के नेताओं ने पसन्द किया होगा?

(तीनों उठकर खाने की मेज़ पर आकर बैठ जाते हैं। वेटर खाना लगाने लगते हैं।)

जिन्ना : मेरे लिए यह अन्दाज़ा लगाना मुश्किल नहीं है कि मेरे बाद पाकिस्तान किस सिम्त जायेगा...हो सकता है नेहरू का हिन्दुस्तान कुछ ज़्यादा अर्से अपनी जगह पर 'टिका' रहे...लेकिन...कुछ कहा नहीं जा सकता...कब तक?

गाँधी : भविष्य के बारे में सोचना ज़रूरी है लेकिन उस पर हमारा कोई ज़ोर नहीं है...

मुझे तो आज उस शर्मिन्दगी से बाहर निकलने का काम बहुत ज़रूरी लग रहा है जो हमें पार्टिशन के दंगों की वजह से हो रही है...मेरी आत्मा काँप जाती है जब मैं हिंसा और अपराध की अकल्पनीय घटनाएँ सुनता हूँ...

जिन्ना : ग़लतियाँ हम लोगों से हुई हैं...लेकिन यह भी सच है कि सोशल चेंज का पहिया लोगों को कुचलता हुआ आगे बढ़ता है।...

दृश्य : उन्नीस

समय : दिन

पात्र

पूरन

कुछ दुकानदार

कुछ राहगीर

(लाहौर की सड़क पर पूरन केले के छिलके उठा रहा है। सफ़ाई भी कर रहा है। उसे देखकर कुछ लोग चौंक जाते हैं।)

दुकानदार 1 : अरे ये तो अपना पूरन बाबा है...बहुत दिनों के बाद दिखायी दे रहा है।

दुकानदार 2 : जब इधर से हिन्दू और सिख जा रहे थे...तब भी ये चला गया होगा...

आदमी 1 : ये क्यों चला गया था...इसका यहाँ कोई क्या बिगाड़ लेता...दिनभर सड़कों पर से केले के छिलके उठाता था...और कूड़ा–करकट साफ़ कर दिया करता था...

दुकानदार 1 : सिख है न...

आदमी 2 : अजी न ये सिख है न ये हिन्दू है न ये मुसलमान है...इसको कुछ भी पता नहीं कि

ये क्या है...बस इसे अपना काम पता है...जहाँ जगह मिलती है वहाँ सो जाता था...
और कुछ खाने को दे देता था तो खा लेता था...

दुकानदार 1 : *(पूरन को आवाज़ देता है)* सत श्री अकाल, पूरन बाबा...इधर आओ...

पूरन : सत श्री अकाल जी...आ गया...

आदमी एक : तुम कहाँ चले गये थे...

पूरन : भाई जी, जब लोग एक–दूसरे को मार–काट रहे थे...तो मुझे किसी ने कहा कि चल यहाँ से भाग...मैंने कहा...कहाँ, क्यों भागो...उन्होंने कहा था, तू सिख है न। तुझको मुसलमान मार डालेंगे...मुझको काहे मार डालेंगे...उन लोगों ने मुझे पकड़कर एक लारी में बिठाया था...और अमृतसर में छोड़ दिया था...

दुकानदार 2 : तो तुझे अमृतसर अच्छा नहीं लगा...

पूरन : मेरे को जी उधर के रस्ते पता नहीं थे...लाहौर के हिसाब से अमृतसर में चलता था...
तो जाने कहाँ पहुँच जाता था...

आदमी 2 : तो अब इधर काहे को आ गया है...

पूरन : गाँधी बाबा आ रहे थे...सबने बोला लाहौर जाना हो तो गाँधी बाबा के साथ चला जा...

आदमी 1 : अरे पर आया क्यूँ...तुझे ये तो मालूम हो गया होगा कि लाहौर पाकिस्तान में आया है।

पूरन : हाँ जी...मालूम हो गया था...

दुकानदार 1 : इधर तेरा रहना ठीक नहीं है...बड़े–बड़े पागल घूम रहे हैं...कोई कुछ भी कर सकता है।

पूरन : अब जी, मैं क्या करूँ...जो जिसको करना होगा करेगा...

दुकानदार 2 : पर तू आया क्यूँ...ये तो बता।

पूरन : मैंनूँ बस लारी विच बिठाकर अमृतसर ले गये सी। मैंनूँ किसी से इत्ता बी नयी दस्या कि मैं लाहौर से जा रहा हूँ। ए बी नयी दस्या कि अब मैं लाहौर की सड़कों से केले के छिलके नहीं उठा पाऊँगा और अब अगर केले के छिलके से फिसल कर कोई गिर जाये तो उसमें कोई कुसूर न माना जाये। अब जी मैंनूँ गाँधी जी के साथ बस यही कहने लाहौर आया हूँ। तवाडा लोगन से हाथ जोड़कर दस रिया हूँ कि सड़क पर देखकर चलो। आँखें खुली रखो। बस यही अरज़ है।

दृश्य : बीस

समय : दिन

पात्र

सज्जाद ज़हीर

मिर्ज़ा मोहम्मद इब्राहिम

प्रोफ़ेसर एरिक

सोमू ज्ञानचन्दानी

फ़ैज़ अहमद फ़ैज़

और अन्य

(लाहौर के टी हाउस में गाँधी के पाकिस्तान आने को लेकर कम्युनिस्ट नेताओं में बहस हो रही है कि गाँधी के बारे में क्या रुख़ अपनाया जाये। इसमें सज्जाद ज़हीर भी हैं। आख़िरकार तय होता है कि वे लोग गाँधी से मिलेंगे।)

सज्जाद ज़हीर : *(फ़ैज़ को देखकर अख़बार मेज पर रख देते हैं।)* भई फ़ैज़, आज तुमने बड़ी देर कर दी... चाय की दो प्यालियाँ पी चुका हूँ...

फ़ैज़ : अरे, कोई दफ्तर में हाज़िरी तो लगना नहीं थी... और तुम जानते हो फ़ौज की नौकरी छोड़ने के

बाद इन्सान बेफ़ौजी हो जाता है...दरअसल कल रात बहुत देर तक जागता रहा...

सज्जाद ज़हीर : क्या कुछ हुआ?

फ़ैज़ : हाँ, एक ग़जल हुई है...पाँच शे'र है।

सज्जाद ज़हीर : सुनाओ।

फ़ैज़ : गुलों में रंग भरे बाद–ए–नौ–बाहर चले...

सज्जाद ज़हीर : यार फ़ैज़...तुम जितना अच्छा लिखते हो उतना ही बुरा पढ़ते हो...

फ़ैज़ : लिखने पर तो मेरा इख्तियार हैं लेकिन पढ़ने पर नहीं है...

सज्जाद ज़हीर : मिर्ज़ा ग़ालिब अगर अपने साथ नौहागर रख सकते थे तो तुम कोई अच्छा पढ़ने वाला क्यों नहीं रख सकते...

(मिर्ज़ा मोहम्मद इब्राहिम और सोमू ज्ञानचन्दानी आते हैं।)

इब्राहीम : हम तो समझे थे यहाँ सब लोग आ गये होंगे...

सज्जाद ज़हीर : *(मज़ाक़ में)* देखो टाइम की पाबन्दी कम्युनिस्टों के लिए ज़रूरी नहीं है...यह एक बुर्जुआ कांसेप्ट है...यही वजह है कि हमारे आइडियोलॉग प्रोफ़ेसर एरिक अब तक नहीं आये...

(सज्जाद ज़हीर के पीछे से एरिक आकर उसके कन्धों पर हाथ रख देते हैं। उन्होंने सज्जाद ज़हीर का संवाद सुन लिया है।)

प्रोफ़ेसर एरिक : *(मज़ाक़ में)* बन्ने, तुम मेरे बारे में क्या उल्टा–सीधा प्रोपेगेंडा करते रहते हो...

(सब हँसते हैं और टेबल पर बैठ जाते हैं।)

प्रोफ़ेसर एरिक : मीटिंग शुरू करो बन्ने...

सज्जाद ज़हीर : हम लोगों को आज ही यह तय करना है कि गाँधी के पाकिस्तान विजिट के बारे में हमारा क्या रवैया होना चाहिए? क्या हमें उसका बायकॉट करना चाहिए? या हमें उसकी मुख़ालफ़त करनी चाहिए या हमें उसका सपोर्ट करना चाहिए? या हमें कुछ नहीं करना चाहिए?

प्रोफ़ेसर एरिक : गाँधी के पाकिस्तान आने से जो नये हालात पैदा हुए हैं। उनके पेशे नज़र खामोश बैठना तो किसी तरह मुनासिब न होगा...क्योंकि उसके अलग–अलग मतलब निकाले जायेंगे

ज्ञानचन्दानी : हाँ...आप बिल्कुल ठीक कह रहे हैं...हिन्दू–मुस्लिम एकता...दोस्ती, भाईचारे की बात करने वाले की तरह हमारा नज़रिया यह नहीं हो सकता कि हम हाथ–पर–हाथ धरे बैठे रहें...

इब्राहिम : लेकिन यह भी नहीं हो सकता कि हम सौ फ़ीसदी उसे सपोर्ट करें...

सज्जाद ज़हीर : बेशक, हमें यही तय करना है...

प्रोफ़ेसर एरिक : देखो, सबसे पहले तो इस पर बात होनी चाहिए कि गाँधी कौन है? उसकी आइडियोलॉजी क्या है? उसने जो किया, वह क्या है...उसका एसेसमेंट और इवेलयुशन होना चाहिए तभी हम यह तय कर पायेंगे के गाँधी की विजिट की तरफ़ हमारा क्या रवैया होना चाहिए...

इब्राहिम : आज़ादी दिलाने का सेहरा भी गाँधी के सर बाँधा जाता है।

फ़ैज़ : यह तो सरासर ग़लत है...इस आज़ादी को तो हम लोग आज़ादी मानते ही नहीं...यह झूठी आज़ादी है...आज़ाद कौन हुआ? बड़े–बड़े सरमायादार,

जागीरदार, ज़मींदार, कारोबारी लोग...आम आदमी तो आज़ाद हुआ ही नहीं...

सज्जाद ज़हीर : देखिए, हम बात करना चाहते थे गाँधी की फ़िलॉसफ़ी के ऊपर...गाँधी मानते हैं कि बड़े सरमायादारों और जागीरदारों के दिल में भी मोहब्बत और इन्साफ़ का जज़्बा होता है जिसे जगा कर बेहतर समाज बनाया जा सकता है...

प्रोफ़ेसर एरिक : चेंज ऑफ़ हार्ट...नॉन सेंस...अगर लोगों के दिल बदल सकते होते तो ये दुनिया कब की बदल गयी होती...

ज्ञानचन्दानी : न सिर्फ़ ये उनकी पूरी अप्रोच स्प्रिचुअल है बल्कि वो मैटेरियलिज़्म की मुख़ालफ़त करते हैं...इसलिए हम लोगों का उनसे क्या ताल्लुक़ हो सकता है, यह मेरी समझ में नहीं आता... वो तो यह कहते हैं कि जिन्दगी का मक़सद परमात्मा, ईश्वर, अल्लाह में मिल जाना...जो हमारे नज़दीकी बेबुनियाद बात है।

सज्जाद ज़हीर : हम लोग क्लासलेस सोसाइटी के लिए स्ट्रगल करते हैं और वो रामराज के लिए...ज़मीन–आसमान का फ़र्क़ है...

फ़ैज़ : इंपिरियलिज़्म की तरफ़ भी गाँधी का रवैया बड़ा ढुलमुल है...कभी उसकी मुख़ालफ़त करते हैं...कभी उसको सपोर्ट करते हैं...खुलकर कभी कुछ नहीं कहते...

सज्जाद ज़हीर : यह सब कुछ ठीक है...लेकिन सवाल यह है कि अब हम क्या करें?

इब्राहिम : मेरे ख़याल से हमें कम से कम हिन्दू–मुस्लिम 'यूनिटी' और 'पीस' के इश्यू पर उनका साथ देना चाहिए...

ज्ञानचन्दानी : मेरा भी यही ख़याल है क्योंकि गाँधी को पाकिस्तान ने जिस तरह की सपोर्ट मिल रही है...अवाम जैसा सपोर्ट कर रहे हैं वह अपने आप में एक बहुत बड़ी बात है और हमें अवाम के जज़्बात की कद्र करनी चाहिए...

प्रोफ़ेसर एरिक : लेकिन हमें उनके आगे सरेंडर नहीं करना चाहिए...साफ़तौर पर उनको यह बता देना चाहिए कि हम उनके फ़ालोअर्स नहीं हैं...हमारी अपनी अलग समझ है...हमारी अपनी आइडियोलॉजी है और हम उनके साथ सिर्फ़ हिन्दू–मुस्लिम 'यूनिटी' और पीस के 'इश्यू' पर ही हैं...

दृश्य : इक्कीस

समय : दिन

पात्र

सन्तोष

अमजद

(सन्तोष कराची के बोहरी बाज़ार में चला जा रहा है। वह अपने आपको छिपाने की कोशिश कर रहा है लेकिन उसका पुराना दोस्त अमजद उसे पहचान लेता है और अमजद को बड़ा आश्चर्य होता है।)

अमजद : ओए सन्तोष...तू एत्थे कैसे आ गया..कदों आया...

सन्तोष : कल ही आया हाँ...

अमजद : तैनूँ पता है अभी एत्थे कोई हिन्दू नहीं बचेया...मार दिते गये ने या भाग गये...

सन्तोष : हुण चाहे जो हो जाये अमजद भ्रा मैं ते आ गया...

अमजद : पर तू आया क्यों हैं...

सन्तोष : मैं सावित्री दे कारण आया हाँ...दिल्ली विच मैनूँ सावित्री दे घर के सारे लोग मिले पर सावित्री न मिली...ओनां बताया ओ ऐदर ही रह गयी थी...

मैं उसनूँ लब्बन आया हाँ...तू ते जानदा ही है मैं और सावित्री...

अमजद : हाँ, हाँ मैनूँ सब पता है...पर तू अब जा कित्थे रेहाँ है?

सन्तोष : मैं रघुवीरपुरा जा रेहा हाँ...

अमजद : हुण ओत्थे की धरा है...पूरा मोहल्ला जला दिता सी...ओत्थे तैनूँ कोई न मिलेगा...
जे किसी ने तैनूँ देख लेया ते छोड़ेंगे नहीं...

सन्तोष : पर सावित्री का पता ते ओत्थों ही मिलेगा...

अमजद : देख सावित्री दा पता होर किदरों नहीं लगेगा...मैं तैनूँ बताता हूँ...मैं तैनूँ बताता हूँ...
एदर आ...पर देख पहले ये कम्म कर ऐ मेरी टोपी पा ले...
(अमजद अपनी टोपी सन्तोष को पहना देता है।)

अमजद : मेरे ते दाढ़ी है पर तेरे न दाढ़ी न सिर ते टोपी।
(नुक्कड़ पर चाय की दुकान में दोनों बैठ जाते हैं।)

सन्तोष : हाँ, हुण बता सावित्री कित्थे है?

अमजद : देख, ऐसा सी जब सावित्री दे घरवाले और रघुवीरपुरा दे सारे हिन्दू गड़ियाँ विच बैठ रहे थे तो हकीम सुलेमान दा छोटा भाई अरशद जबर्दस्ती सावित्री नूं खिच के लेए गया सी...
उसदे हाथ विच बन्दूक थी...ओ कहंदा था... सावित्री नूँ ज़िन्दा ले जाऊँगा या मुर्दा...कोई कुछ कहंदा ते ओ गोली मार देंदा...ओ दिन ही ऐवें सी...ऐस तरह ओ सबदे सामने सावित्री नूँ खिचदा होया ले गय...

सन्तोष : सावित्री दी माँ ने तो मैनूँ ऐ नहीं दसेया कि ऐ सब होया था...

अमजद : हुण तैनूँ उसदी माँ की दसदी कि सबदे सामने कोई उसदी जवान कुड़ी को घसीटते होए लेए गया था...यही कहेगी ना रस्ते विच छूट गयी... गुम गयी...

(सन्तोष चुप हो जाता है।)

सन्तोष : हुण सावित्री कित्थे है?

अमजद : देख कहते हैं सावित्री मुसलमान हो गयी है... उसदा नां तसलीमुन रखेया गया है

सन्तोष : मुसलमान हो गयी है?

अमजद : हो की गयी है जबर्दस्ती कलमा पढ़वाया होएगा ...बस समझो अरशद उसनूँ रखे होए है वैसे ते अरशद दी पूरी फ़ैमिली है बीवी बच्चे हैं...

सन्तोष : अरशद कित्थे रहन्दा है?

अमजद : अरशद ते मेरे मोहल्ले हाज़ीपुरा में रहता है पर ओत्थे... तु ओत्थे जायेंगा?

सन्तोष : हाँ जावंगा...चाहे मैनूँ मार देंण पर मैं जाऊँगा।

अमजद : पागलपन दी बातें न कर...तैनूँ ते मारेंगे ही सावित्री नूँ भी मारेंगे...ओनां नू शक हो जायेगा कि सावित्री ने तैनूँ चिट्ठी–विट्टी भेजी है... पर इक्क गल्ल बता सन्तोष, सावित्री ते अब अरशद दी रखैल है...लोगों नूँ दिखान वास्ते उसने निकाह पढ़वा रखेया है...

पर सब जाणदे हैं कि सच्चाई की है...की तू अब वी उससे शादी करना...

सन्तोष : अमजद भ्रा...चाहे जो हो जाये मैं सावित्री नूँ छोड़ नहीं सकदा।

अमजद : देख सन्तोष, हुण तेरी भलाई इसी विच है कि उसनूँ भूल जा...ऐनें लोग मार दिते गये...
ऐनें जला दिते गये...सब ने सबर कर लेया...
तूँ भी सबर कर लेए...समझ कि सावित्री मर गयी है...

सन्तोष : ऐसा नहीं हो सकदा...मैं न रहूँ ते गल दूजी है...पर जब तक मैं ज़िन्दा हाँ तब तक...

अमजद : ते ऐत्थे अपनी जान देण आया है?

सन्तोष : यही समझ लेए...

अमजद : जा फिर जा, तैनूँ कौन रोक सकदा है...

सन्तोष : सन्तोष मेरी जाण बचाना चाहता है अमजद भ्रा...ते इक्क कम्म कर...

अमजद : कि कम्म?

सन्तोष : किसी तरह सावित्री नाल मेरी मुलाक़ात करवा दे...

अमजद : पागल हो गया हैं ऐने ख़तरनाक लोग ने कि मेरे बाल–बच्चे तक नूँ नहीं छोड़ेंगे तू जानता नहीं है ओहनां ने दंगों में क्या–क्या किता था...

सन्तोष : कुछ भी कर अमजद भ्रा। मेरी ज़िन्दगी चाहंदा है ते कोई रास्ता निकाल।

अमजद : *(सोचते हुए देख)* देख, मैं सावित्री नूँ रोटी लगवाने तन्दूर पर जांदा देखदा हाँ...
तूँ उस नाल ओत्थे मिल सकदा है...पर पकड़ा जाये ते ऐ न बताना कि मैं तैनूँ सब दसेया था...।)

दृश्य : बाईस

समय : दिन

पात्र

लियाक़त अली ख़ान

सरदार अब्दुल रब

रज़ा ग़ज़नफ़र अली

(नवाबज़ादा लियाक़त अली ख़ान, पाकिस्तान के प्रधानमंत्री और उनके दो मन्त्री सरदार अब्दुल रब, रज़ा ग़ज़नफ़र अली ड्राइंग रूम में बैठे हैं, उनके बीच बातचीत हो रही है।)

अब्दुल रब : यह सिलसिला तो उस वक़्त से शुरू हो गया था जब क़ायदे आज़म ने कांस्टीट्यूएंट असेंबली की अपनी तक़रीर में साफ़–साफ़ ये कहा था...आप आज़ाद हैं...पाकिस्तान में आप अपने मन्दिरों में जाने के लिए स्वतन्त्र हैं, आप अपनी मस्जिदों में जाने के लिए आज़ाद हैं या आप अपने किसी भी तरह की दूसरी इबादतगाहों में जाने के लिए आज़ाद हैं. आप चाहे जिस भी मज़हब, जाति या पन्थ के हों, मुल्क को इस बात से कोई मतलब नहीं होगा...

लियाक़त अली : इसका मतलब है आपको ये देर से लगा...मैं तो क़ायदे आज़म को बुलाने के लिए, मुस्लिम लीग की कमान सौंपने के लिए जब लन्दन गया था तभी मुझे मालूम था...

रज़ा ग़ज़नफ़र : अगर ऐसा था तो क़ायदे को मुस्लिम लीग का डिक्टेटर क्यों बनाया गया था?

लियाक़त अली : बात बिल्कुल साफ़ है। कांग्रेस के बड़े–बड़े नेताओं और अंग्रेज़ों से टक्कर लेने वाला हमारे पास और कोई आदमी न था...और क़ायदे आज़म ने ये काम बहुत अच्छी तरह अंजाम दिया... इसमें कोई शक नहीं है कि अगर क़ायदे न होते तो पाकिस्तान भी न होता।

अब्दुल रब : क़ायदे की तक़रीर से कहीं ज़्यादा असर इस कमबख़्त गाँधी के आने से हो रहा है...आप जानते हैं आज पाकिस्तान की क्या सूरते–हाल है...हिन्दू–मुसलमान गले मिल रहे हैं...जो हिन्दू भारत चले गये थे उनमें से कुछ लौट रहे हैं...जगह–जगह पीस कमेटियाँ बन गयी हैं... पाकिस्तान में जिन्ना और गाँधी के ज़िन्दाबाद के नारे लग रहे हैं...गाँधी को हर शहर बुलाया जा रहा है...और वो जा रहा है...

रज़ा ग़ज़नफ़र : मुस्लिम लीग के हिन्दू लीडर सीना ताने घूम रहे हैं...मण्डल और शिरीष चन्दर गाँधी के साथ दिखायी देते हैं।

लियाक़त अली : मुझे इत्तिला मिली है कि गाँधी को मशरिक़ी पाकिस्तान से भी दावतनामें मिल रहे हैं...

अब्दुल रब : क्या यह सब क़ायद की मर्ज़ी से हो रहा है?

लियाक़त अली : मानना तो यही चाहिए।

रज़ा ग़ज़नफ़र : पाकिस्तान इसलिए बना था?

अब्दुल रब : बिल्कुल नहीं। पाकिस्तान मुसलमानों के लिए इस्लामी मुल्क के तौर पर बना था और यह एक इस्लामिक मुल्क है...लेकिन क़ायदे तो उसे नहीं मानते ऐसा नहीं मानते...हुज़ूरे आला जनाब लियाक़त अली ख़ान साहब वज़ीर–ए–आज़म पाकिस्तान आपसे दरख़्वास्त है कि आप क़ायदे तक हम लोगों के जज़्बात की तर्जुमानी करें...हम किसी भी सूरत में पाकिस्तान को हिन्दुस्तान नहीं बनने देंगे।

लियाक़त अली : क़ायदे क़ोयटा में हैं...मुझे ख़बर मिलती रहती है कि वह कैसे हैं...

रज़ा ग़ज़नफ़र : मेहरबानी फ़रमा कर क़ायद से खुलकर बात कीजिए और...

लियाक़त अली : मैं ख़ुद भी यही चाहता हूँ...

दृश्य : तेईस

समय : रात

पात्र

डॉ. इलाही बख़्श

जिन्ना

फ़ातिमा

मज़हर (ADC)

और अन्य

(जिन्ना ज़ियारत (क्वेटा) रेजीडेंसी में अस्पताल वाले बेड पर लेटे हैं। नर्स उनका ब्लड प्रेशर ले रही है।)

डॉ. इलाही बख़्श कुछ घबराये हुए से आते हैं।)

डॉ. इलाही बख़्श : योर एक्सीलेंसी...आपकी मेडिकल रिपोर्ट आ गयी है...

जिन्ना : क्या है?

डॉ. इलाही बख़्श : (हकलाता है) सर...सर...वो रिपोर्ट...सर...आपके लंग्स टी.बी...

जिन्ना : यह मेरे लिए कोई नयी ख़बर नहीं है डॉक्टर...मैं जानता था...मुझे टी.बी. है...

डॉ. इलाही बख़्श : ज...जी...जी...

जिन्ना : मैं जानता था डॉक्टर कि मेरी बीमारी का कोई इलाज नहीं है...और मेरे पास वक़्त बहुत कम...और काम बहुत ज़्यादा है...

(फ़ातिमा जिन्ना आती है।)

फ़ातिमा : डॉक्टर क्या रिपोर्ट है?

जिन्ना : वही जो हम जानते हैं...डॉ. पटेल ने जिसे अब तक top secret बनाकर एक लॉकर में बन्द करके रखा हुआ है...वो लॉकर खुल गया है... लेकिन मैं डॉ. पटेल का एहसानमन्द हूँ...फ़ाती तुम्हें याद है। डॉ. पटेल ने कहा था, मुझे काम कम करना चाहिए...मुझे ताज़ी हवा की बहुत ज़रूरत है...मुझे पहाड़ों पर कहीं चले जाना चाहिए...जहाँ अच्छी आबो–हवा हो...सुकून हो... वहाँ मैं आराम करूँ...मैं ये सब कर सकता था लेकिन...इसकी क़ीमत बहुत ज़्यादा होती...मेरा सबसे बड़ा ख़्वाब पूरा न होता...पाकिस्तान बना देने का ख़्वाब...डॉक्टर, पाकिस्तान बन गया है...

फ़ातिमा : तुम्हें इतना नहीं बोलना चाहिए...क्यों डॉक्टर?

डॉ. इलाही बख़्श : यस योर एक्सीलेंसी...आप इतना न बोलें...

जिन्ना : ठीक है डॉक्टर...लेकिन अब मुझे लगता है कि ख़्वाब कभी पूरे नहीं होते...

पाकिस्तान का ख़्वाब...जो मैंने देखा था और जो मैंने पूरी दुनिया को बताया भी...

वह पूरा हो पायेगा या नहीं...मैं नहीं जानता...

(मज़हर एडीसी आता है। उसके हाथों में कुछ अख़बार हैं।)

डॉ. इलाही बख़्श : कोई Disturbing news तो नहीं है...सर को किसी भी तरह का टेंशन नहीं होना चाहिए...

जिन्ना : Thank you doctor...मुझे अपनी ज़िम्मेदारियाँ भी पूरी करनी हैं...

(आँख से मज़हर को बताने का इशारा करते हैं।)

मज़हर (ADC) : परसों लाहौर में गाँधी जी के पाकिस्तान विज़िट के ख़िलाफ़ एक मीटिंग में जनाब लियाक़त अली ख़ाँ...वज़ीरे आज़म पाकिस्तान ने सदारत की थी...

(जिन्ना सिर उठा लेते हैं।)

जिन्ना : पूरी ख़बर पढ़कर सुनाओ...

मज़हर : कराची 7 सितम्बर जंग के नामा–निगार की ख़बर है...आज गोल मैदान में मोहनदास करमचन्द गाँधी के पाकिस्तान आने और तहरीक़ चलाने के ख़िलाफ़ कुछ जमातों की एक मीटिंग में पाकिस्तान के वज़ीरे–आज़म...लियाक़त अली ने सदारत करते हुए फ़रमाया कि पाकिस्तान एक इस्लामिक मुल्क है और इस मुल्क में किसी तरह के ग़ैर–इस्लामी काम को बर्दाश्त नहीं किया जायेगा...उन्होंने ये भी कहा...

जिन्ना : (बात काटकर) Ok…Stop it… लियाक़त को फ़ोन करके यहाँ बुलाओ....

दृश्य : चौबीईस

समय : रात

पात्र

सन्तोष

सावित्री

(रात का समय है। गली के नुक्कड़ पर तन्दूर में रोटियाँ लग रही हैं। सन्तोष जाकर एक कोने में खड़ा हो जाता है। फिर टहलने लगता है। लोग आ–जा रहे हैं। औरतें और आदमी रोटियाँ लगवाने आ रहे हैं। कुछ ही देर बाद चादर लपेटे एक औरत आती है। सन्तोष उसे ध्यान से देखता है। वह औरत भी सन्तोष को देखती है। दोनों एक–दूसरे को पहचान जाते हैं। वह औरत सावित्री है। वह अपना आटा तन्दूर लगाने वाले को दे देती है और मुड़–मुड़कर सन्तोष को देखती जाती है। रोटी लेकर सावित्री जब आगे बढ़ती है तो सन्तोष उसके पास आकर उसे रोकता है।)

सावित्री : *(घबराकर)* ऐ तू है...ऐत्थे तू कैसे आ गया...भाग जा ऐत्थों...अब की रखेया है...तैनूँ किसी ने देख लेया ते मार देगा...

सन्तोष : देख मरने दा डर होता न, तो मैं यहाँ न आता...

सावित्री : क्यों आया हैं ऐथ्थे?

सन्तोष : मैं तैनूँ लेएं आया हाँ...

सावित्री : तैनूँ कुछ पता है, की हो गया है?

सन्तोष : हाँ, मैंनूँ पता है, तैनूँ जबर्दस्ती कलमा पढ़वाया फिर तेरे नाल निकाह किता है।

सावित्री : फिर ऐत्थे क्यों आया हैं?

सन्तोष : इक्क गल बता तू मेरे नाल चलना चाहती हैं?

सावित्री : मेरे चाहन की हो सकदा है।

सन्तोष : जल्दी दस...

सावित्री : तू भाग जा बस ऐही चंगा है।

सन्तोष : तू बतायेंगी नहीं ते मैं तेरे नाल–नाल इरशाद दे घर जाऊँगा चाहे जो हो जाये।

सावित्री : नहीं–नहीं तैनूँ मेरी सौं तू चला जा।

सन्तोष : मैं तैनूँ लिए बग़ैर नहीं जावंगा...

सावित्री : देख जो नहीं हो सकदा उसनूँ क्यों कहता है।

सन्तोष : सब हो सकदा है तू बता तू तैयार हैं के नहीं?
(सावित्री रोने लगती है।)

सन्तोष : रो क्यों रही है, जल्दी बता लोग देख रहे हैं।

सावित्री : मैं उसदे बच्चे दी माँ बणन वाली। हाँ बोल मैनूँ ले चलेगा?

सन्तोष : हाँ, लेए चलूँगा...मैं लेए चलूँगा...तू ऐसा कर कल सवेरे अठ बजे किसी तरह गाँधी जी दी प्रार्थना सभा में आ जाणा।

सावित्री : कित्थे होती है प्रार्थना सभा?

सन्तोष : जहाँगीर पारक में...

दृश्य : पच्चीस

समय : दिन

पात्र

गाँधी

मौलाना अब्दुल हक़

गामा पहलवान

महना

हलीम

राधिका

और अन्य

(एक घर के दरवाज़े के सामने लोग खड़े हैं। एक आदमी दरवाज़े पर लगी ज़ंजीर बजा देता है। दरवाज़ा खुलता है। हलीम निकलकर बाहर आता है। उन सबको हैरत से देखता है। गाँधी उसे देखकर हाथ जोड़ते हैं।)

हलीम : क्या बात है? आप लोग कौन हो...मेरे घर के सामने क्यों खड़े हो...मुझसे क्या काम है?

गाँधी : हम तुम्हारे अन्दर के इन्सान को जगाने आये हैं...

हलीम : *(गाँधी को ध्यान से देखता है और कहता है)* तुम तो गाँधी हो...

गाँधी : हाँ, मैं गाँधी हूँ ...और तुम हलीम हो...हमारा बनाने वाला एक ही है...

गामा पहलवान : हलीम भाई, हम सब हाथ जोड़कर तुमसे दरख़्वास्त करते हैं कि तुम्हारे घर में जो हिन्दू लड़की है वह सहना की बेटी है...

हलीम : मेरे घर में कोई हिन्दू लड़की नहीं है...

मौलाना : हलीम, तुम दिन में 5 बार तो नमाज़ पढ़ते ही होगे...

हलीम : जी हाँ...मौलवी साहब पढ़ता हूँ...

मौलाना : और तुम दिन में पाँच बार नमाज़ में वल्लाहु यालामो माअ फी कुलुबिकुम...
मतलब अल्लाह सब जानता है, कहते हो।

हलीम : जी, कहता हूँ...

मौलाना : अब सच–सच बता दो कि तुम्हारे घर में कोई हिन्दू लड़की नहीं है...

हलीम : मौलवी साहब, अल्लाह की क़सम मेरे घर में कोई हिन्दू लड़की नहीं है...

महना : *(गिड़गिड़ाकर)* मेरी बेटी...मेरी बेटी...मुझे दे दे... और जो चाहे मुझसे ले ले...
देख, मैं पैसा लाया हूँ...सोना लाया हूँ... ले ले, ले ले...
(महना पोटली खोलने लगता है।)

गाँधी : हलीम, जो तुम यहाँ कर रहे हो वह तुम्हारे साथ...'वहाँ' तक जायेगा...
तुम अगर माफ़ी माँग लेते हो...तौबा कर लेते हो...तो पाप, पाप नहीं रहेगा...

गामा : हलीम, हम तुम्हारे घर के अन्दर नहीं घुस सकते लेकिन हमारी माँ–बेटियाँ तुम्हारे घर के अन्दर जा सकती हैं अगर कहो तो तुम्हारे घर की तलाशी करायी जाये...

हलीम : मेरी दो बीवियाँ हैं एक का नाम जुबैदा है...और दूसरी का अमीना है...दोनों मुसलमान हैं।

गाँधी : क्या तुम कुरान शरीफ़ पर हाथ रखकर क़सम खा सकते हो कि तुमने किसी हिन्दू लड़की को मुसलमान नहीं बनाया...तुमने उसका मज़हब नहीं बदला...तुमने उसको अगवा नहीं किया था?

हलीम : वह अपनी मर्ज़ी से पूरे गाँव के सामने मुसलमान हुई थी...

गाँधी : यह बात तो वह ख़ुद ही बता सकती है कि वह मर्ज़ी से मुसलमान हुई थी या नहीं।

महना : *(रोते हुए)* दिखा दे मुझे...एक बार तो दिखा दे।

गाँधी : हम उस लड़की को लिये बिना लौट जायेंगे अगर वह कह देगी कि अपनी मर्ज़ी से मुसलमान हुई है हम लौट जायेंगे...

हलीम : *(आवाज़ देता है)* अमीना...अमीना इधर आ...
(दरवाज़े पर अमीना मुँह पर घूँघट डाले सामने आकर खड़ी हो जाती हैं। उसका चेहरा नहीं दिखायी देता। महना उसे देखकर भावुक हो जाता है। रोने लगता है।)

महना : बेटी, मेरी...बेटी...

गाँधी : तेरा नाम राधिका है?

राधिका : मैनूँ राधिका कहकर मत बुलाओ...मैनूँ राधिका नहीं हूँ...

महाना : तू मेरी बेटी राधिका है...राधिका मैं न पहचानूँगा तो तुझे और कौन पहचानेगा...
तुझे खिलाया है...कन्धे पर बैठाकर मेला दिखाया है...मलमल की चुनरी लाया हूँ तेरे लिए...

राधिका : *(रोते हुए)* बापू मैंनूँ मर गयी हूँ...ऐत्थे मेरी लाश खड़ी है तुम्हारे सामने...चले जाओ यहाँ से...

महाना : नहीं, नहीं बेटी...मैं तुझे लेने आया हूँ...तेरी माँ तेरे भाई सब रोते हैं तेरे लिए...

गाँधी : क्या तुम अपनी मर्ज़ी से मुसलमान हुई हो?

राधिका : हाँ...मैं अपनी मर्ज़ी से मुसलमान हुई...

गाँधी : क्या तुमने अपनी मर्ज़ी से हलीम के साथ निकाह पढ़ाया है...

राधिका : हाँ, मैंने अपनी मर्ज़ी से...

महना : *(रोते हुए)* यह तू क्या कह रही है राधिका...क्या कह रही है...मेरे सामने ये लोग तुझे खींचकर ले गये थे...खींचकर ले गये थे...

हलीम : *(बिगड़कर)* उसका बयान हो गया है...अब तुम लोग जाओ...इससे बड़ा सबूत क्या हो सकता है। यह मेरी घरवाली है...कहीं नहीं जायेगी...

राधिका : जाओ बापू जाओ...अम्मा से कह देना मैं मर गयी हूँ...

महना : बेटी...मैं चला जाऊँगा बेटी...चला जाऊँगा...एक बार...बस एक बार मेरे सामने तो आ जा...एक बार...बस एक बार...मैं तुझे देख लूँ...
(राधिका चेहरे पर से चादर हटाकर सामने आ जाती है। वह काली दुबली लग रही है। चेहरे पर यातना और अपमान करने के निशान हैं। लगता है चार महीने का गर्भ भी है। वह महना को देखती है।)

महना : *(दोनों हाथ बढ़ाकर)* बेटी–बेटी कहता है...

(राधिका अपने ऊपर क़ाबू नहीं रख पाती। वह तेजी से महना की तरह बढ़ती है। दोनों गले लग जाते हैं। दोनों रोने लगते हैं। गाँधी उसे सहारा देते हैं और वह महना और गाँधी के साथ आगे बढ़ जाती है।)

दृश्य : छब्बीस

समय : दिन

पात्र

डॉक्टर इलाही बख़्श

जिन्ना

लियाक़त अली

मज़हर (ADC)

और अन्य

(जिन्ना मेडिकल बेड पर लेटे हैं। डॉक्टर इलाही बख़्श आते हैं। उनके हाथ में एक चार्ट हैं।)

डॉ. इलाही बख़्श : Good morning your excellancy…

(जिन्ना आँखों के इशारे से जवाब देते हैं।)

डॉ. इलाही बख़्श : सर, आपका पल्स रेट improve हो रहा है ...Its very good sign... और Blood pressure भी नॉर्मल revel पर...

जिन्ना : *(बात काटकर)* Thank you Doctor…

डॉ. इलाही बख़्श : सर, आपकी इजाज़त से क्या आपकी डाइट में कुछ चेंज किया जा सकता है... मैं चाहता हूँ कि कार्बोहाइड्रेट थोड़ा कम हो जाये और प्रोटीन बढ़ा दिया जाये...

जिन्ना : ओके...फ़ाइन...तुम डॉक्टर हो जो चाहो करो...

(ADC मज़हर आता है।)

मज़हर : सर, ऑनरेबल प्रॉइम मिनिस्टर आ गये हैं...

जिन्ना : बुलाओ...

(डॉक्टर हरे पर्दे के पीछे चला जाता है। लियाक़त अली ख़ाँ आते हैं।)

लियाक़त अली : गुड मॉनिंग सर...

(जिन्ना कोई जवाब नहीं देते।)

लियाक़त अली : आप कैसे हैं सर...इलाज से फ़ायदा हो रहा है।

जिन्ना : इट्स फ़ाइन...जंग अख़बार में जो ख़बर छपी है क्या वो सही है...

लियाक़त अली : *(हकलाते हुए)* ज...जी नहीं...मैं...

जिन्ना : *(बात काटकर)* तुम्हें मालूम है...मिस्टर गाँधी को पाकिस्तान के सरकार ने इनवाइट किया था...तुम पाकिस्तान के प्राइम मिनिस्टर हो...तुम मिस्टर गाँधी के पाकिस्तान आने की मुख़ालफ़त करते हो...तो इसका मतलब है कि तुम अपनी सरकार के ख़िलाफ़ बोल रहे हो...और सरकार के ख़िलाफ़ हो तो सरकार से अलग हो जाओ...

लियाक़त अली : सर...सूरते–हाल बहुत ख़राब हो गयी है...आपको सर...बताया नहीं जा रहा है...

पूरे मुल्क में बड़ी अफ़रा–तफ़री है...गाँधी के विजिट ने पाकिस्तान की जड़ें हिलाकर रख दी हैं...

जिन्ना : तुम जानते हो पाकिस्तान की 'जड़' क्या है?

लियाक़त अली : जी...जी...इस्लाम...

जिन्ना : *(बात काटकर)* तुम जानते हो मैंने Constituent Assembly की तक़रीर में भी कहा था कि

पाकिस्तान कोई मज़हबी मुल्क नहीं है... पाकिस्तान एक डेमोक्रेटिक मुल्क है जहाँ किसी भी मज़हब को मानने वाले रह सकते हैं...सब के बराबर राइट्स होंगे...

लियाक़त अली : लेकिन...अवाम...अवाम के जज़्बात...पॉपुलर सेंटिमेंट...

जिन्ना : *(बात काटकर कड़े स्वर में)* लियाक़त सरकारें पॉपुलर सेंटिमेंट के मुताबिक़ नहीं चलती... सरकारें पॉपुलर सेंटिमेंट बनाती हैं...तुमने सरकारी कार्य में रोड़ा अटकाया है...

लियाक़त अली : सर...पूरे मुल्क में गाँधी के ख़िलाफ़ मुज़ाहिरे हो रहे हैं...बदअमनी फैल रही है...हिन्दू मुसलमानों के ख़िलाफ़ ज़हर उगल रहे हैं...मुसलमानों को उनके घर से निकाला जा रहा है...गरीब मुसलमान परेशान हैं...मैं सोचता हूँ...

जिन्ना : *(बात काटकर)* तुम्हें सोचने के लिए किसने कहा है लियाक़त...तुम कबसे सोचने लगे...

लियाक़त : मुस्लिम लीग की वर्किंग कमेटी की राय है कि गाँधी को जल्दी–से–जल्दी वापस चला जाना चाहिए...

जिन्ना : *(ग़ुस्से में)* मैं वर्किंग कमेटी को डिज़ाल्व कर सकता हूँ...

लियाक़त अली : गाँधी के मसले पर मुस्लिम लीग नेशनल क्रॉन्फ्रेंस बुला रही है...

जिन्ना : *(ऊँची आवाज़ में)* तुम अपने को बहुत बड़ा आदमी समझने लगे हो...तुम एक नाचीज़ हो... मैंने तुम्हें पाकिस्तान का प्राइम मिनिस्टर बनाया है...तुम सोचने लगे हो कि पाकिस्तान तुमने

बनाया...पाकिस्तान मैंने...और सिर्फ़ मैंने बनाया है...पाकिस्तान मेरा सबसे बड़ा ख़्वाब है...और मैं उसे बर्बाद नहीं होने दूँगा...तुम जा सकते हो... (हरे पर्दे के पीछे से डॉ. इलाही बख़्श निकल आते हैं। लियाक़त अली उन्हें देखकर चौंक जाते हैं। उन्हें पता लग जाता है कि उनके और जिन्ना के बीच जो बातचीत हो रही थी उसे डॉ इलाही बख़्श ने सुन लिया है।)

लियाक़त अली : *(डॉ. इलाही बख़्श से)* डॉक्टर, तुम मुझसे गेस्ट हाउस में आकर मिलो...

(लियाक़त अली बाहर निकल जाते हैं।)

दृश्य : सत्ताईस

समय : दिन

पात्र

गाँधी

सज्जाद ज़हीर

मिर्ज़ा मोहम्मद इब्राहिम

प्रोफ़ेसर एरिक स्प्रिंन

सोमू ज्ञानचन्दानी

फ़ैज़ अहमद फ़ैज़

और अन्य

(सुबह के समय गाँधी की प्रार्थना सभा हो रही है। काफ़ी लोग उसमें उपस्थित हैं। प्रार्थना सभा सबसे अलग कुछ लोग खड़े हैं जो प्रार्थना सभा में हिस्सा नहीं ले रहे। प्रार्थना सभा ख़त्म होने के बाद वे लोग गाँधी के पास आते हैं।)

सज्जाद ज़हीर : गुड मॉर्निंग मिस्टर गाँधी...क्या हम लोग आपसे कुछ बात कर सकते हैं...क्या आपके पास कुछ वक़्त है?

गाँधी : मैं आप लोगों को बहुत देर से देख रहा था आप प्रार्थना सभा से दूर खड़े थे...

मिर्ज़ा मोहम्मद इब्राहिम : जी हाँ, माफ़ कीजिएगा हमें प्रार्थना पर कोई यकीन नहीं है, हम किसी तरह की प्रार्थना या इबादत नहीं करते...

गाँधी : यह आपका निजी मामला है। मैं इसमें में कोई दख़ल नहीं देना चाहता...

सज्जाद ज़हीर : मिस्टर गाँधी, सबसे पहले मैं आपसे अपने दोस्तों का तार्रुफ़ कराना चाहता हूँ... मेरा नाम रहमतुल्ला है। ये मेरे दोस्त हैं मिर्ज़ा मोहम्मद इब्राहिम हैं, जो ट्रेड यूनियन लीडर हैं...रेलवे वर्कर्स यूनियन बनाई है...ये प्रोफ़ेसर एरिक स्प्रिंन, अंग्रेज़ी के प्रोफ़ेसर हैं, ये सोमू ज्ञानचन्दानी हैं और ये हैं हमारे महबूब शायर फ़ैज़ अहमद... फ़ैज़...और पाकिस्तान टाइम्स के एडिटर... आज़ादी पर इनकी नज़्म छपी है...ये कहते हैं कि अभी आज़ादी नहीं आयी...

गाँधी : मैं भी यही कहता हूँ...

एरिक स्प्रिंन : लेकिन मिस्टर गाँधी, यह भी हम लोग आपको साफ़–साफ़ बता देना चाहते हैं कि आपके नॉन वायलेंस और नॉन को–ऑपरेशन पर हमें कोई यक़ीन नहीं है...हम लोगों के ख़यालात आपसे अलग हैं...आप भी पूछ सकते हैं कि अगर ऐसा है तो हम लोग आपके पास क्यों आये?

गाँधी : हाँ...अपने सवाल का जवाब दे दीजिए...

ज्ञानचन्दानी : हम लोग आपके 'पीस' एजेंडे से सहमत हैं...हम आपकी उन कोशिशों को सराहते हैं जिनके

ज़रिये हिन्दुस्तान में शान्ति का माहौल बना और यहाँ हिन्दू–मुसलमानों के दरमियान अमन क़ायम करने की कोशिश भी बहुत ज़रूरी और बड़ा काम है...

गाँधी : बहुत ख़ुशी की बात है कि आप लोग मेरी शान्ति स्थापित करने की कोशिश में मदद करना चाहते हैं...मेरा हमेशा यह मानना रहा है की एक–दूसरे को बदलने की कोशिश मुश्किल काम हो सकता है, लेकिन एक–दूसरे के साथ मिलकर काम करना सरल है... आपके जो भी विश्वास है जो भी विचार हैं उन पर आप क़ायम रहे...और अमन के लिए काम करते रहें...

फ़ैज़ : महात्मा जी, आपके अपील करने का असर लोगों पर पड़ रहा है...और ज़ाहिर है जब तक अमन न हो जाये तब तक कोई दूसरा काम नहीं हो सकता...हम लोग जो भी करना चाहते हैं उसके लिए अमन बेहद ज़रूरी है...

मोहम्मद इब्राहिम : इस सिलसिले में यूनियन के मेम्बरों की मदद ली जा सकती है...रेलवे वर्कर्स यूनियन के अस्सी हज़ार मेम्बर हैं। जिनमें अलग–अलग मज़हबों को मानने वाले शामिल हैं...उनके दरमियान हिन्दू–मुस्लिम यकजेहती के प्रोग्राम चला जा सकते हैं...

एरिक स्प्रिंन : स्कूल और कॉलेजों के लड़कों को भी इस मुहिम में शामिल किया जा सकता है। मुझे यकीन है की नौजवान इस काम में आगे आयेंगे...

ज्ञानचन्दानी : मोहल्ला पीस कमेटियों को बनाना बहुत ज़रूरी है मैं इस काम में मदद कर सकता हूँ।

अपने चन्द दोस्तों के साथ कम–से–कम मशरिक़ी लाहौर के मोहल्लों में कमेटियाँ बनाई जा सकती हैं...शहर के दूसरे मोहल्लों में दूसरे लोग ये काम कर सकते हैं...

सज्जाद ज़हीर : गाँधी जी...मैं लाहौर कई इलाक़ों में आपकी मीटिंगें कराना चाहता हूँ...आपका यह मैसेज हर घर पहुँचना चाहिए...

फ़ैज़ : आपकी एक मीटिंग लाहौर प्रेस क्लब में होना ज़रूरी...इसका इन्तज़ाम आसानी से किया जा सकता है...अखबारों और रिसालों के ज़रिये भी लोगों तक यह पैग़ाम पहुँचाया जाना चाहिए।

दृश्य : अट्ठाईस

समय : दिन

पात्र

गाँधी

अल्लामा मशरिक़ी

सन्तोष

सावित्री

इरशाद

और अन्य

(कराची के जहाँगीर पार्क में गाँधी की प्रार्थना सभा हो रही है। प्रार्थना सभा में गाँधी के साथ आये सभी लोगों और कुछ स्थानीय लोग भी शामिल है। भजन गाया जा रहा है। सन्तोष बड़ी बेचैनी से इधर–उधर देख रहा है। अचानक एक औरत चादर ओढ़े हुए आती है। उसका चेहरा ठीक से दिखायी नहीं दे रहा है। सन्तोष उसे देखता है। पहचानने की कोशिश करता है। महिला की आँखों से सन्तोष उसे पहचान लेता है। उसके पास जाता है और कुछ बात करता है।

भजन ख़त्म होता है। सन्तोष गाँधी के पास आता है। गाँधी के कान में कुछ कहता है। वह औरत प्रार्थना सभा में सबसे पीछे बैठ जाती है। भजन के बाद गाँधी अपना उपदेश देते हैं।)

गाँधी : हमको बताया गया है...हम जानते हैं अपने अनुभवों से और हमारे पहले जो लोग आये हैं... उनके कहने से...उनके बताने से कि क्या अच्छा है और क्या बुरा है...हमें यह भी विश्वास है कि ऊपर वाला सब जानता है...सब देख रहा है। हम जो कर रहे हैं...वह सब रिकॉर्ड हो रहा है और हमें यह भी विश्वास है कि एक दिन ऐसा आयेगा...जब हमारे किये गये का हमें नतीजा भुगतना पड़ेगा...हमको जवाब देना पड़ेगा...

(अल्लामा मशरिक़ी आते हैं।)

गाँधी : अल्लामा साहब, तशरीफ़ लाइए...मैं आपका इन्तज़ार कर रहा था कुछ ऐसा करना पड़ा है जिसमें आपकी मदद की ज़रूरत दरकार है।

अल्लामा मशरिक़ी : जी फ़रमाइए...मैं क्या कर सकता हूँ?

गाँधी : *(सुभाष और सन्तोष से)* उस औरत को लाओ...

(सन्तोष उस महिला को लेकर सामने आता है।)

गाँधी : अल्लामा साहब, यह औरत आपके सामने एक बयान देना चाहती है।

अल्लामा मशरिक़ी : उससे पहले मैं इससे कुछ सवाल करना चाहता हूँ।

गाँधी : बेशक, इससे आप सवाल कीजिए।

अल्लामा मशरिक़ी : तुम्हारा नाम क्या है? तुम कहाँ रहती हो?

औरत : मेरा नाम तसलीमुन है...पहले मेरा नाम सावित्री सी... मैनूँ हाजीपुर में...

(रुक जाती है। बोलने से झिझकती है।)

अल्लामा मशरिक़ी : बोलो, बोलो साफ़–साफ़ बताओ?

सन्तोष : अल्लामा साहब, दंगों में इसनूँ जबर्दस्ती कलमा पढ़ाया गया सी। ते इसदे नाल निकाह किता गया था।

अल्लामा मशरिक़ी : निकाह किसके साथ हुआ था?

सन्तोष : इरशाद ख़ान दे नाल...

अल्लामा मशरिक़ी : *(सन्तोष से)* तुम्हारा नाम क्या है?

सन्तोष : जी मेरा नाम सन्तोष है...फ़सादाँ तो पहले सावित्री नाल मेरी कुड़माई हो गयी थी।

अल्लामा मशरिक़ी : *(सावित्री से)* किसके साथ तुम्हारा निकाह हुआ था?

(भीड़ में से इरशाद निकलकर सामने आता है। वह बहुत ग़ुस्से में है।)

इरशाद : मेरे नाल इसदा निकाह होया सी...*(सावित्री से)* तू मैंनूँ पूछे बगैर इधर क्यों चली आयी?

(इरशाद सावित्री का हाथ पकड़कर उसे घसीटना चाहता है। सन्तोष सामने आ जाता है।)

अल्लामा मशरिक़ी : लड़की का हाथ छोड़ दो और मेरी बात का जवाब दो...

(इरशाद सावित्री का हाथ छोड़ देता है।)

अल्लामा मशरिक़ी : *(इरशाद से)* लड़की पहले हिन्दू थी?

इरशाद : हाँ जी, पहले हिन्दू सी...पर इसने इस्लाम कुबूल कर लिया था।

अल्लामा मशरिक़ी : क्या लड़की ने अपनी मर्ज़ी से बगैर किसी दबाव के इस्लाम कुबूल किया था?

इरशाद : हाँ जी...अपनी मर्जी नाल बगैर किसी दबाव दे।

अल्लामा मशरिक़ी : क्या मैं यह सवाल लड़की से पूछ सकता हूँ?

इरशाद : *(घबरा जाता है)* हाँ...हाँ...हाँ जी पूछो...

अल्लामा मशरिक़ी : *(सावित्री से)* क्या तुमने अपनी मर्ज़ी से इस्लाम कुबूल किया था?

(सावित्री न में गर्दन हिलाती है।)

अल्लामा मशरिक़ी : हाँ या नहीं में जवाब दो...ऊँची आवाज़ में बोलो, ताकि सब लोग सुन सकें।

सावित्री : नहीं...

(भीड़ में बड़ी हलचल होती है।)

अल्लामा मशरिक़ी : *(इरशाद से)* लड़की ने अपनी मर्ज़ी से इस्लाम कबूल नहीं किया और इस तरह इससे निकाह भी जायज़ नहीं है।

इरशाद : *(गुस्से में)* इसने इस्लाम कुबूल किता था। निकाह दे सैकड़ों गवाह हैं...सालभर से तो मेरे घर रह रही है...ऐस नूँ कोई नहीं लेए जा सकदा।

(सावित्री का हाथ पकड़कर उसे खींचता है दूसरी तरफ़ से सन्तोष खींचता है।)

अल्लामा मशरिक़ी : *(ऊँची आवाज़ में दोनों को डाँटते हुए)* छोड़ो दोनों लड़की को...वह जानवर नहीं है... लड़की तू इरशाद के साथ तो अब रह नहीं सकती...ये हिन्दू लड़का क्या तुझसे शादी करने पर तैयार है?

सन्तोष : हाँ जी...मैं तैयार हूँ।

(इरशाद और उसके साथी बहुत गुस्से से गाँधी और अल्लामा मशरिक़ी को देखते हैं।)

दृश्य : उनतीस

समय : रात

पात्र

जिन्ना

फ़ातिमा जिन्ना

डॉक्टर इलाही बख़्श

और अन्य

(जिन्ना बहुत बीमार हैं। ज़ियारत के रेजिडेंसी में जिन्ना मेडिकल बेड पर लेटे हैं। रात काफ़ी बीत चुकी है। पास ही एक आरामकुर्सी पर फ़ातिमा जिन्ना बहुत चिन्तित और परेशान बैठी हैं। डॉक्टर इलाही बख़्श आते हैं।)

फ़ातिमा : आप लोगों ने क्या तय किया?

डॉ. इलाही बख़्श : सर के पैरों में जो सूजन आ गयी है...और रेड स्पॉट आ गये हैं...उससे साफ़ पता चलता है कि उन्हें Pnuemonia हो गया...शाम को टेम्परेचर भी थोड़ा ज़्यादा हो गया था...डॉक्टर मिस्त्री, डॉक्टर गुलाम मोहम्मद और मेरी राय है कि क़ायदे को जल्दी–से–जल्दी कराची ले जाना चाहिए...क्योंकि अब यहाँ उनका इलाज नहीं हो सकता...

फ़ातिमा : क़ायदे से पूछना ज़रूरी है कि क्या वो ऐसी हालत में कराची जाना पसन्द करेंगे...

डॉ. इलाही बख़्श : जी...बेशक़...उनसे ज़रूर पूछा जायेगा...(घड़ी देखकर) मैडम दो बज रहे हैं।

अब आप थोड़ा आराम कर लीजिए। मैं क़ायदे के पास हूँ...

फ़ातिमा : ठीक है, अगर कोई बात हो तो मुझे...

डॉ. इलाही बख़्श : जी आपको बताऊँगा...

(डॉ. इलाही बख़्श टहलने लगते हैं। घड़ी की टिक–टिक की आवाज़ तेज़ हो जाती है।

कुछ क्षण बाद जिन्ना कराहते हैं। डॉक्टर उनके पास जाते हैं।)

जिन्ना : *(धीमी आवाज़ में)* पानी...

(डॉक्टर उन्हें पानी देते हैं। पानी पीकर वे लेट जाते हैं। डॉक्टर उनकी नब्ज़ देखकर उन्हें एक इंजेक्शन देता है। जिन्ना अपनी आँखें खोलते हैं।)

डॉ. इलाही बख़्श : सर क्या कल हम लोग आपको बेहतर इलाज़ के लिए कराची ले जा सकते हैं...

जिन्ना : *(बहुत कमज़ोर आवाज़ में)* हाँ, ठीक है...

(जिन्ना आँखें बन्द कर लेते हैं और वे इस तरह बोलते हैं जैसे सपने में बोल रहे हों।)

जिन्ना : डॉक्टर...मेरी ज़िन्दगी की...सबसे बड़ी ग़लती... पाकिस्तान है...सबसे बड़ी...

डॉ. इलाही बख़्श : *(हैरानी से)* सर आप...क्या कह रहे हैं...

(जिन्ना न तो आँखें खोलते हैं न जवाब देते हैं। बड़बड़ाते रहते हैं।)

जिन्ना : मैं...मैं...बम्बई...बम्बई...मुझे...बहुत...पसन्द...है... बम्बई...जिन्ना हाउस...के गुलाब...

(डॉ. इलाही बख़्श उन्हें आश्चर्य से सुनते हैं।)

जिन्न : *(बड़बड़ाते हुए)* नेहरू से कहो...जो हो गया...हो गया...मिलकर रहें...नेहरू से...मेरी बात कराओ...मैं बम्बई...जाना...

(बड़बड़ाने के बाद चुप हो जाते हैं और डॉक्टर उनकी नब्ज़ देखता है।)

दृश्य : तीस

समय : दिन

पात्र

गाँधी और अन्य

(मंच पर अँधेरा है। पीछे से रेडियो समाचार सुनायी देता है।)

V.O. : यह रेडियो पाकिस्तान का लाहौर स्टेशन है... अब आप मुस्तफ़ा अली हमदानी से ख़बरें सुनिए ...हमारे कराची के नामा–निगार ने ख़बर दी है कि कल रात दस बजकर तीस मिनट पर बाबा–ए–क़ौम, क़ायदे आज़म मोहम्मद अली जिन्ना बानी पाकिस्तान इन्तिकाल फ़रमा गये ...पूरा मुल्क सोगवार है...वज़ीरे आज़म जनाब लियाक़त अली ख़ान ने क़ायदे आज़म को ख़िराजे अक़ीदत पेश किया है और पूरे मुल्क से सब्रो–तहम्मुल बरतने की दरख़्वास्त की है ...क़ायदे आज़म के रेहलत फ़रमाने की ख़बर फैलते ही बड़ी तादाद में लोग गवर्नमेंट हाउस के चारों तरफ़ जमा हो गये हैं...अन्दर कुरानख़्वानी

का सिलसिला जारी है...बाद नमाज़े–अस्र क़ायदे आज़म की मय्यत को जमशेद क्वार्टर्स के मैदान में दफ़न किया जायेगा...

(मंच पर धीरे–धीरे रौशनी आती है। अल्लामा मशरिक़ी, गामा पहलवान, मौलाना अब्दुल हक़ बैठे हैं। मंच पर शोक सभा का बैनर लगा हुआ है। जिन्ना की शोक सभा मीटिंग हो रही है। मंच पर काफ़ी लोग बैठे हैं। सामने भी काफ़ी भीड़ है। गाँधी बोलने के लिए खड़े होते हैं।)

गाँधी : मैं मरहूम की आत्मा के लिए ईश्वर से शान्ति की प्रार्थना करता हूँ। इस समय उनका रहना आपके देश के लिए, पाकिस्तान के लिए बहुत ज़रूरी था लेकिन ऊपर वाले की इच्छा के आगे हम सब बेबस हो जाते हैं...मरहूम जिन्ना से मेरे पुराने सम्बन्ध रहे हैं...हम पहली बार सन् उन्नीस सौ चौदह में लन्दन के सेसिल होटल में मिले थे...और दूसरी मुलाक़ात में तो जिन्ना से उस आयोजन के अध्यक्ष थे जिसमें मुझे और बा को बुलाया गया था...जब मैं साउथ अफ़्रीका से लौटकर आया था...मरहूम चाहते थे कि मैं उनके हिन्दू–मुस्लिम एकता बनाये रखने के काम में सहयोग करूँ...यह बात अलग है कि आगे चलकर हम लोग अलग राजनीतिक दलों में काम करने लगे...लेकिन सम्बन्धों को ख़त्म नहीं किया जा सकता। हम दोनों के बीच एक और बड़ा सम्बन्ध है और वह यह था कि हम दोनों

काठियावाड़ के मूल निवासी थे। काठियावाड़ का यह सम्बन्ध है। हमेशा बना रहा...मैं यह मानता हूँ कि इस समय पाकिस्तान को ही नहीं...बल्कि भारत को भी मरहूम जिन्ना साहब की बड़ी ज़रूरत थी...मैं यह भी...

(गोली चलने की आवाज़ आती है। गाँधी को गोली लगती है। वो 'हे राम' कहकर दम तोड़ देते हैं।)

❐❐